G. Lamprecht

Einführung in die Programmiersprache C

Günther Lamprecht

Einführung in die Programmiersprache C

Friedr. Vieweg & Sohn   Braunschweig / Wiesbaden

CIP-Kurztitelaufnahme der Deutschen Bibliothek

Lamprecht, Günther:
Einführung in die Programmiersprache C /
Günther Lamprecht. – Braunschweig; Wiesbaden:
Vieweg, 1986.

ISBN-13: 978-3-528-03362-0   e-ISBN-13: 978-3-322-84326-5
DOI: 10.1007/978-3-322-84326-5

Das in diesem Buch enthaltene Programm-Material ist mit keiner Verpflichtung oder
Garantie irgendeiner Art verbunden. Der Autor übernimmt infolgedessen keine Verantwortung und wird keine daraus folgende oder sonstige Haftung übernehmen, die auf
irgendeine Art aus der Benutzung dieses Programm-Materials oder Teilen davon entsteht.

1986

Umschlaggestaltung: Peter Lenz, Wiesbaden

Gewidmet dem Andenken an
Professor Dr. Helmut Werner

Vorwort

In der Programmiersprache C findet man eine große Zahl von Elementen, wie sie zu einer problemorientierten Programmiersprache gehören. Daneben gibt es eine Reihe von Elementen, wie man sie aus maschinennahen Programmiersprachen kennt. Diese „Zwitterstellung" macht die Programmiersprache C zu einem leistungsfähigen Instrument, mit dem man durch komprimierte Anweisungsfolgen effektive Programme schreiben kann. Dies gilt sowohl für die Übersetzung als auch die anschließende Ausführung der Programme.

Die komprimierte Darstellungsweise wird in der Programmiersprache C erreicht durch eine vergleichsweise große Zahl von verschiedenen Zeichen für Operatoren, die an Stelle der sonst üblichen Schlüsselwörter oder gar Anweisungen verwendet werden.

In der Programmiersprache C sind viele Operationen formal zulässig, die zu inhaltlich falschen Ergebnissen führen. Darüber hinaus gibt es eine Reihe von Sprachelementen, die auf verschiedenen Rechnern unterschiedlich interpretiert werden. Auch dies stellt eine Fehlermöglichkeit dar. Dabei liegt es in der Verantwortung des Programmierers, die Fehlerquellen zu meiden. Eine Unterstützung durch den Compiler ist nur in den seltensten Fällen zu erwarten.

Wir haben uns darum bemüht, die Programmiersprache C an einfachen Beispielen zu verdeutlichen. In der Regel haben wir im Lösungsteil zusätzliche Programmvarianten angegeben und dabei weitere Sprachelemente von C benutzt und erläutert. Der Leser sollte deshalb die zum Text gehörenden Beispiele und Programmvarianten im Lösungsteil nachvollziehen.

Programme, die in C geschrieben sind, gelten als besonders leicht „portierbar", d. h., auf andere Rechner übertragbar. Hat man mehr den maschinennahen Aspekt von C im Auge, so mag diese Aussage richtig sein. Im Vergleich zu anderen problemorientierten Sprachen ist die Aussage der leichten Portierbarkeit aber abzuschwächen.

Herrn W. Lotz und Herrn Dr. R. Weibezahn möchte ich für viele Anmerkungen und Hinweise danken, Herrn Dr. G. Heygster für seine Unterstützung bei der automatischen Erstellung der Druckvorlage mit Hilfe von Latex.

Bremen, im Mai 1986   Günther Lamprecht

Inhaltsverzeichnis

I	**Überblick über die Programmiersprache C**	**1**
	1. Datentypen für Variable und Konstanten	1
	2. Struktur von C-Programmen	5
	3. Vereinbarung globaler Variabler	10
	4. Felder	11
	5. Zeigervariable	16
	6. Variablenarten und Initialisierung von Variablen	23
	7. Compiler-Instruktionen	27
II	**Boole'sche Ausdrücke, Programmverzweigungen und Schleifen**	**31**
	1. Relationen und logische Verknüpfungen	31
	2. Bedingte Anweisungen, Alternativen	34
	3. Sprunganweisung	36
	4. Schleifensteuerung	36
	5. Fallunterscheidung	41
III	**Formatierung der Ausgabe; Standard-Eingabe; Zugriff auf Dateien**	**43**
	1. Formatierung der Ausgabe	43
	2. Standard-Eingabe	46
	3. Lesen aus einer Zeichenfolge	49
	4. Dateibearbeitung	49
	5. Direkter Dateizugriff	52
IV	**Strukturen**	**55**
	1. Vereinbarung von Strukturen	55
	2. Zugriff auf Strukturbereiche	57
	3. Überlagerungseinheit (union)	61
	4. Bitfolgen	64
V	**Vorgegebene Unterprogramme und Makros**	**66**
	1. Mathematische Funktionen	67
	2. Unterprogramme zur Dateibearbeitung	68
	3. Unterprogramme zur Verwaltung des Arbeitsspeichers	73
	4. Unterprogramme zur Stringbearbeitung	74
	5. Makros zur Zeichenbearbeitung	75
	6. Unterprogramme zur Programmausführung	75

Lösungen zu den Aufgaben und Beispielen 76

Anhang A Anzahl der Bit pro Datentyp 118
Anhang B ASCII-Zeichensatz 118
Anhang C Prioritäten der Operatoren 121

Sachwortverzeichnis 124

I Überblick über die Programmiersprache C

1. Datentypen für Variable und Konstanten

In der Programmiersprache C kann man die nachfolgend beschriebenen Grundtypen von Daten bearbeiten. Dabei muß man beachten, daß die jeweilige Darstellungsform und damit auch das Ergebnis einer Bearbeitung abhängig sind von der benutzten Rechenanlage.

Zum Vergleich wurden die Datenarten für einige andere Programmiersprachen hinzugefügt.

Datenart	C	Fortran 77	Pascal	Simula
Zeichen Text	char –	CHARACTER*1 –	CHAR –	CHARACTER TEXT
logische Werte	(–)	LOGICAL	BOOLEAN	BOOLEAN
ganze Zahlen	short int long unsigned	INTEGER*2 INTEGER –	– INTEGER –	SHORT INTEGER [1] INTEGER –
reelle Zahlen	float double	REAL DOUBLE PRECISION	REAL	REAL LONG REAL
komplexe Zahlen	–	COMPLEX	–	–

Neben diesen Grundtypen kann man Felder vereinbaren, deren Komponenten einen der angegebenen Typen besitzen, und man kann Verbunde von Variablen schaffen, die unterschiedliche Datentypen besitzen können (struct, union).

In der obigen Zusammenstellung fällt auf, daß in der Programmiersprache C die Schlüsselwörter mit Kleinbuchstaben geschrieben werden. Generell sind

---

[1] Der Datentyp int kann je nach Implementation mit short oder long identisch sein. Dies kann zu Fehlern beim Übergang zu einem anderen Rechner führen.

Schlüsselwörter reservierte Namen und dürfen nicht für Namen von Variablen, symbolischen Konstanten oder Funktionen verwendet werden. Bis auf wenige Ausnahmen werden alle vorgegebenen Namen mit Kleinbuchstaben geschrieben.

Bei der Vergabe von Namen für Variable, symbolische Konstanten und Funktionen werden in der Programmiersprache C Groß- und Kleinbuchstaben unterschieden. Das erste Zeichen eines Namens muß ein Buchstabe sein, dann dürfen Buchstaben und Ziffern in beliebiger Reihenfolge angegeben werden. Das Unterstreichungszeichen (_) wird den Buchstaben gleichgestellt, womit ein Name auch mit einem Unterstreichungszeichen beginnen darf. Zwar darf ein Name beliebig lang sein, doch es werden nur die ersten 8 Zeichen unterschieden.[2]

Alle Variablen müssen vor ihrer ersten Benutzung deklariert sein. In entsprechender Weise gilt dies auch für Namen von symbolischen Konstanten und Funktionen.

In einem C-Programm kann man — z.B. in einem Vergleich, einer Wertzuweisung oder einem arithmetischen Ausdruck — konstante Werte angeben. Diese Konstanten sind je nach gewünschtem Datentyp unterschiedlich darzustellen.

Typ char

a) In der Regel wird eine Zeichenkonstante durch zwei Hochkommata angegeben, die genau ein Zeichen einschließen. So liefert z.B.

```
'a'
```

die Verschlüsselung des Buchstabens a in einem Byte. Eine Zeichenkonstante kann einer Zeichenvariablen (Typ char) oder einer Variablen vom Typ

```
short, int, long   oder   unsigned
```

zugewiesen werden. Gespeichert wird dann in der Variablen die Verschlüsselung der Zeichenkonstanten (siehe Anhang B, Seite 119).

b) Will man ein bestimmtes, nicht druckbares Zeichen darstellen, so hat man mit der Form

```
'\ddd'
```

die Möglichkeit, nach dem invertierten Schrägstrich (\) bis zu 3 Oktalziffern für die Zeichenverschlüsselung anzugeben. Dies wird oben durch ddd angedeutet.

c) Unter bestimmten Umständen kann man auf die Angabe der Hochkommata verzichten (z.B. innerhalb der Festlegung eines Ausgabeformats, siehe Seite 45). Es sind folgende Kombinationen vorgesehen:

---

[2]Da die Namen von externen Größen (Funktionen, globale Variable) von dem Betriebssystem verwaltet werden, kann es zu zusätzlichen Einschränkungen in der Vergabe von Namen kommen; man sollte sich aus diesem Grunde auf 6 Zeichen für einen Namen beschränken. Häufig wird bei externen Namen nicht zwischen Groß- und Kleinbuchstaben unterschieden.

angegebene Zeichen-kombination	Bedeutung/ übernommenes Zeichen
\n	new line
\t	horizontal tabulator
\b	backspace
\r	carriage return
\f	form feed
\\	\ (invertierter Schrägstrich)
\'	' (Hochkomma)
\"	" (Anführungszeichen)
\ddd	Übernahme des durch die Oktalziffern ddd festgelegten Zeichens

Neben den oben beschriebenen einzelnen Zeichenkonstanten kann man eine Zeichenfolge als Konstante ("string") festlegen. Hierzu dient das Anführungszeichen (") zur vorderen und hinteren Begrenzung. Eine String-Konstante ist ein Vektor von char-Komponenten, an dessen Ende der Wert \0 automatisch als String-Ende-Zeichen angefügt wird (siehe Seite 26). Eine andere Sichtweise desselben Sachverhalts ist, einen String als einen Zeiger vom Typ char aufzufassen, der auf das erste Zeichen des Strings verweist (siehe Seite 16). Der gesamte String wird dadurch erkannt, daß am Schluß das Zeichen \0 angefügt ist.

Typ int, short, long oder unsigned

a) Eine ganzzahlige Konstante wird in der Regel durch ihre Ziffernfolge angegeben. Ein Vorzeichen darf nur dann vorausgehen, wenn die Zahl negativ ist, dann ist das Minus-Zeichen (−) zu verwenden.

b) Einer ganzzahligen Konstanten wird automatisch der Typ int zugeordnet. Ist es aus irgendeinem Grund erforderlich, auf eine Konstante mit dem Typ short, long oder unsigned zurückzugreifen, muß der Typ vor der Konstanten angegeben werden, z.B.[3]

```
(short) 9   −(long) 658922    (unsigned) 124
oder    (long) 3
```

c) Beginnt eine Konstante mit der Ziffer 0, so werden die nachfolgenden Ziffern als Oktalziffern interpretiert. Werden fälschlicherweise die Ziffern 8 und 9 angegeben, so werden sie als Oktalwerte 10_{okt} und 11_{okt} interpretiert.[4]

---

[3]Die Typumwandlung durch einen Operator der Form

    (Typ) Konstante

wird uns unter dem Namen cast (= "Gußform") noch an anderer Stelle begegnen (siehe Seite 9).

[4]Diese Festlegung ist für einen Anwendungsprogrammierer sehr befremdlich.

So liefern beispielsweise die Konstanten

31	den ganzzahligen (Dezimal-)Wert 31,
031	den Oktalwert 31_8 und damit den Dezimalwert 25,
-031	den negativen Dezimalwert -25, und
039	den Wert $3 \cdot 8 + 9 = 33$.

d) Will man einen konstanten Wert in Form einer Hexadezimalzahl schreiben, so muß man 0x oder 0X vor der Folge der Hexadezimalziffern angeben. So liefern

0x31	den Wert $31_{hex} = 3 \cdot 16 + 1 = 49$ und
-0x31	den Wert -49.

Typ float oder double

Die allgemeine Form einer Konstanten mit dem Typ float oder double (Gleitkommakonstante) ist:

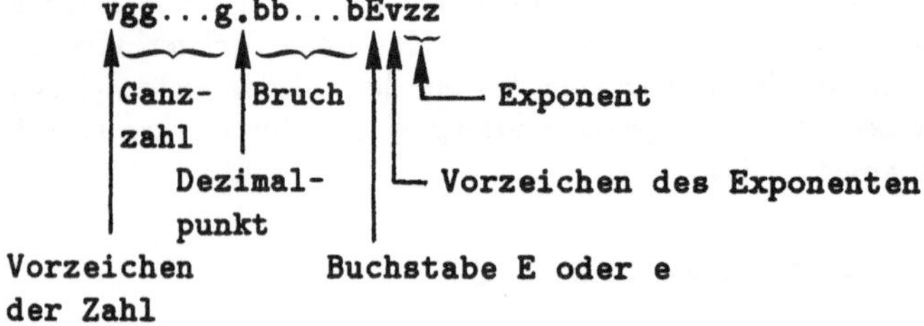

Das Vorzeichen der Zahl darf nur dann angegeben werden, wenn die Zahl negativ ist. Demgegenüber darf das Vorzeichen des Exponenten sowohl für positive (+) als auch negative (−) Werte angegeben werden.

In einer Konstanten mit dem Typ float oder double dürfen entweder der Ganzzahlanteil (oben angedeutet durch gg...g) oder der Bruch (oben angedeutet durch bb...b) fehlen, nicht jedoch beide gleichzeitig.

Außerdem dürfen alternativ der Dezimalpunkt oder das Exponentenfeld (oben angedeutet durch Evzz) fehlen. Damit fallen folgende Beispiele unter die allgemeine Form für eine Konstante vom Typ float oder double:

    $-.37$ 4.66   1e-2   1.E+3   7.123e-6

Die Gleitkommakonstanten werden intern als Größen vom Typ double abgespeichert, so daß sie immer mit der maximal möglichen Genauigkeit übernommen werden. Erst bei der Zuweisung einer Konstanten an eine float-Variable werden die überzähligen Ziffern abgeschnitten.

2. Struktur von C-Programmen

Jedes in der Programmiersprache C geschriebene Programm kann man auffassen als
eine Ansammlung von (Funktions-)Unterprogrammen. Ihnen kann die Deklaration
von Variablen vorausgehen, die im gesamten Programm bekannt sein sollen ("globale
Variable"). Genau ein Unterprogramm wird durch den Namen

    `main`

als das Hauptprogramm ausgezeichnet; bei ihm wird mit der Programm-Ausführung
begonnen. Darüber hinaus können an beliebiger Stelle Instruktionen an den Compiler angegeben werden.[5]

Wir haben damit folgenden prinzipiellen Programmaufbau, wobei einzelne Abschnitte fehlen dürfen.

    Compiler-Instruktionen

    Deklaration von externen ("globalen")
    Variablen;

```
main()
{
```
    Deklaration von Variablen, die
    innerhalb von `main` bekannt sind;

    Folge von Anweisungen;
```
}
```
Deklaration des
Hauptprogramms
(in jedem Fall
erforderlich)

Typ_1 $Name_1$(Liste der formalen Parameter)

    Spezifikation der formalen Parameter;
```
{
```
    Deklaration von Variablen, die innerhalb
    der Funktion $Name_1$ bekannt sind;

    Folge von Anweisungen;

    `return(Wert);`
```
}
```
Deklaration der
Funktion $Name_1$
mit dem Typ
Typ_1

---

[5] Wenn man genau sein will, so sind die Compiler-Instruktionen Angaben an ein Programm, das
dem Compiler vorgeschaltet ist ("Präcompiler"). Durch die Instruktionen können u.a. Namen für
Konstanten und Makros festgelegt werden, oder es können weitere Dateien zu dem Programm
hinzugefügt werden. In dem nachfolgenden Diagramm deuten wir diese Instruktionen nur zu
Beginn des Programms an, obwohl sie auch an anderer Stelle angegeben werden dürfen. Dies gilt
in gewissem Umfang auch für die Vereinbarung von globalen Variablen.

Typ_n Name_n(Liste der formalen Parameter)

    Spezifikation der formalen Parameter;

{

    Deklaration von Variablen, die innerhalb
    der Funktion Name_n bekannt sind;

    Folge von Anweisungen;

    return(Wert);

}

Deklaration der Funktion Name_n mit dem Typ Typ_n

In der Programmiersprache C werden Unterprogramme nicht dahingehend unterschieden, ob sie einen Funktionswert berechnen oder nicht, wie es in anderen Programmiersprachen üblich ist. Vielmehr wird jedes Unterprogramm als Funktion deklariert und besitzt damit einen bestimmten Typ. Der berechnete Funktionswert wird mit dem **return**-Statement zurückgegeben. Diese beiden Punkte wurden oben angedeutet durch

```
Typ_n Name_n( ... )
    . . .
{
    . . .
    return(Wert);
}
```

Wird der Typ für eine Funktion nicht explizit angegeben — wie es oben in der allgemeinen Form durch Typ_n gefordert wurde — , so wird der Funktion automatisch der Typ **int** zugeordnet.

In der Regel wird man mit der **return**-Anweisung einen Wert an das aufrufende Programm mit Hilfe des Namens der Funktion zurückreichen. Dann muß in dem aufrufenden Programmteil der Name der Funktion mit dem gewünschten Typ deklariert werden. Hierzu hat man nach dem Schlüsselwort für den vorgesehenen Typ den Namen der Funktion und anschließend ein leeres Klammerpaar anzugeben (als Zeichen dafür, daß es sich um eine Funktion handelt). Wird die Funktion nicht in der angegebenen Weise deklariert, kann dies zu falschen Werten führen — ohne Fehlermeldung — , wenn in der **return**-Anweisung ein Funktionswert zurückgereicht wird.

Will man auf dem Namen der Funktion keinen Wert zurückgeben, so gibt man

```
statt   return(Wert);  nur an   return;
```

oder spart sich auch diese Anweisung: Der Rücksprung in den aufrufenden Programmteil wird automatisch mit dem Erreichen des Endes der Funktion vollzogen.

Der C-Compiler kann nicht abprüfen, ob bei einem Funktionsaufruf ein Funktionswert tatsächlich berechnet und übergeben wird, oder ob lediglich eine Folge von Anweisungen durchlaufen werden soll. Dies hat zur Konsequenz, daß die Verantwortung für die richtige Handhabung von Unterprogrammen vollständig beim Programmierer liegt. Auf eine Unterstützung durch den Compiler kann er nicht hoffen.

Bevor wir den Aufbau und den Aufruf von Unterprogrammen im einzelnen beschreiben, wollen wir ein einfaches Beispiel angeben:

Beispiel I.1 (siehe Seite 77) [6]

Es soll die Berechnung von

$$m = \frac{a+b}{2}$$

in einem Unterprogramm angegeben werden. Die Variablen a und b sollen die Werte 3 und 4 erhalten.

Programm	Hinweise
```main()```	Die Klammern sind erforderlich.
```{```	
```/* Programm zur Mittel-``` ``` wertberechnung */```	Kommentar; darf an beliebiger Stelle angegeben werden; reicht von ```/*``` bis zu ```*/```.
```float a,b,w;```	Deklaration der Variablen a, b und w.
```float m();```	Spezifikation der Funktion m.
```a = 3; b = 4;```	Setzen der Anfangswerte.
```w = m(a,b);```	Aufruf der Funktion m mit den aktuellen Parametern a und b.
```printf("Mittelwert = %f",w);```	Formatgebundene Ausgabe des berechneten Wertes w (siehe Seite 43 und 76).
```}```	
```float m(a1,b1)``` ``` float a1,b1;```	Einleitung der Funktionsdeklaration und Spezifikation der formalen Parameter.
```{```	
```float s1;```	Deklaration einer Hilfsgröße s1.
```s1 = (a1+b1)/2;```	Berechnung des Mittelwertes.
```return(s1);```	Übergabe des berechneten Wertes und Rückkehr in den aufrufenden Programmteil.
```}```	

Die ersten Zeilen bis ```}``` bilden das **Hauptprogramm**, die folgenden die **Deklaration der Funktion m**.

[6]Im Lösungsteil sind alle Programme zu den Beispielen und Aufgaben zusammengestellt und häufig weitere Hinweise und Lösungsvarianten beschrieben.

Will man ein Unterprogramm in einem anderen Programmteil als Funktion aufrufen, so muß man sie dort ihrem Typ entsprechend deklarieren. Hierzu dient dieselbe Syntax wie bei der Vereinbarung von Variablen, nur muß zusätzlich mitgeteilt werden, daß es sich um eine Funktion handelt. Dies wird durch ein leeres Klammerpaar angedeutet. Im obigen Programmbeispiel geschah es im Hauptprogramm durch die Deklaration

```
float m();
```

Man hätte auch angeben können:

```
float a,b,w,m();
```

und so die beiden Deklarationsanweisungen zusammenfassen können.

Der angegebene Typ muß natürlich mit dem Typ übereinstimmen, wie er in der Deklaration des Unterprogramms vereinbart wurde, wo zusätzlich festgelegt wird, von welchen Parametern das Unterprogramm abhängig sein soll und welchen Typ die Parameter besitzen sollen.

Bei der Deklaration eines Unterprogramms muß man das Klammerpaar auch dann angeben, wenn die Parameterliste leer ist. Nur so kann der Compiler erkennen, daß hier ein Unterprogramm deklariert wird.

Die Deklaration des Unterprogramms main muß in der Form

```
main()
```

und ebenso muß die Deklaration des Unterprogramms m in der Form

```
float m(a1,b1)
```

ohne nachfolgendes Semikolon angegeben werden. Die anschließenden Spezifikationen der aufgeführten Parameter müssen dagegen jeweils mit einem Semikolon abgeschlossen werden. Bei dem Aufruf des Unterprogramms müssen die aktuellen Parameter nach Anzahl und Typ mit den "formalen Parametern" übereinstimmen. Die Übergabe der Parameter an das Unterprogramm geschieht durch call by value. Dies besagt, daß lediglich "Werte" an das Unterprogramm übergeben werden, nicht jedoch Variable oder andere Unterprogramme (wie man Variable und Unterprogramme übergeben kann, wird später beschrieben). Damit können wir im Augenblick keine im Unterprogramm berechneten Werte mit Hilfe von Parametern an das aufrufende Programm zurückgeben.

Der Rumpf eines jeden Unterprogramms läßt sich beschreiben durch eine Folge von Deklarationen von Hilfsgrößen (nicht erlaubt: Deklaration von weiteren Unterprogrammen) und eine Folge von Anweisungen. Dieser "Block" wird durch die Klammern { } zusammengehalten.

Der berechnete Funktionswert wird mit Hilfe der return-Anweisung über den Namen des Unterprogramms an den aufrufenden Programmteil übermittelt. An Stelle eines Variablennamens in der return-Anweisung — wie er in dem Beispielprogramm benutzt wurde — darf man auch einen Ausdruck angeben. Damit ist die Deklaration der Hilfsvariablen s1 in dem Beispielprogramm nicht erforderlich, und wir können das Unterprogramm vereinfachen (siehe Variante 2, Seite 78 unten).

Der Aufruf eines Unterprogramms ist nicht auf das Hauptprogramm beschränkt. Dies darf an beliebiger Stelle im Programm geschehen, und es ist auch erlaubt, daß sich ein Unterprogramm selbst aufruft ("rekursives Unterprogramm").

Wir haben oben bereits darauf hingewiesen, daß die "aktuellen Parameter" denselben Typ besitzen müssen, wie er bei der Deklaration des Unterprogramms für die korrespondierenden "formalen Parameter" festgelegt wurde. Weicht man hiervon ab, so werden vom Unterprogramm falsche Werte übernommen. Mit diesen falschen Werten wird die Funktion ausgewertet, und es wird ein falscher Funktionswert — ohne Fehlermeldung — zurückgegeben. Beispielsweise führt der Aufruf m(3,4) zu falschen Ergebnissen. Der Aufruf muß mit float-Konstanten angegeben werden (siehe Variante 1, Seite 78 Mitte).

```
m(3.0,4.0)
```

Wie wir es in dem Beispiel I.1 bereits getan haben, kann man es durch Wertzuweisungen an zusätzliche Hilfsvariablen und dem anschließenden Aufruf des Unterprogramms mit diesen Hilfsvariablen stets erreichen, daß die aktuellen Parameter den richtigen Typ besitzen. Neben diesem Weg bietet die Programmiersprache C noch eine weitere Möglichkeit der Typumwandlung bei aktuellen Parametern. Anstelle eines aktuellen Parameters p schreibt man:

```
(Typ) p
```

Hierdurch wird erzwungen, daß der Wert des aktuellen Parameters p an eine automatisch erzeugte Hilfsvariable mit dem geforderten Typ übergeben und mit dieser Hilfsvariablen das Unterprogramm aufgerufen wird. So ist z.B.

```
m((float) 3, (float) 4);
```

ein korrekter Aufruf des Unterprogramms m, bei dem anstelle der beiden int-Konstanten 3 und 4 die Hilfsvariablen mit den float-Werten 3.0 und 4.0 an das Unterprogramm übergeben werden (siehe Variante 5, Seite 80 oben). Dies Verfahren wird in der Programmiersprache C cast genannt (cast = Gußform).

Die Typumwandlung ist nicht auf die Parameterübergabe beschränkt, bei der wir die Casts erläutert haben. Vielmehr darf man sie überall dort angeben, wo eine Variable des gewünschten Typs erlaubt ist. So ist z.B. folgende Wertzuweisung möglich (siehe Variante 7, Seite 80 unten):

```
a = (float) 3; b = (float) 4;
```

Einen Cast kann man als einen Operator auffassen, der die Typumwandlung bewirkt. Er hat eine hohe Priorität (= 2, siehe Anhang C, Seite 121).

Auf Grund der Sprachfestlegung wird bei Parametern von Unterprogrammen nur
zwischen zwei Typen von Daten unterschieden — abgesehen von Zeigern und zusammengesetzten Dateneinheiten —, nämlich `int` und `double`. Die Spezifikationen
in einer Unterprogrammdeklaration

```
char
short
int
long
unsigned
```

sind zwar zulässig, die zugehörigen Parameter werden aber bei einigen Rechnern
automatisch auf `int` festgelegt. Dies kann dann zu Fehlern führen, wenn `int` und
`long` nicht dieselbe interne Verschlüsselung besitzen.

Parameter mit der Spezifikation

```
float
```

oder

```
double
```

werden als `double`-Größen behandelt. Konsequenterweise kann man sich auf Casts
mit dem Typ `double` beschränken, auch wenn die Spezifikation des zugehörigen Parameters `float` war (siehe Variante 6, Seite 80 Mitte). Eine entsprechende Aussage
gilt für den Typ `int` in Verbindung mit Parametern vom Typ `char`, `short` oder
`long`.

3. Vereinbarung globaler Variabler

Wie wir gesehen haben, kann man in jedem Unterprogramm (einschließlich `main`)
und in jedem Block Variable deklarieren. Sie sind "lokal" in bezug auf das Unterprogramm bzw. den Block und nur dort bekannt. Will man Variable vereinbaren,
die in allen Unterprogrammen bekannt sind, so hat man die Deklaration — mit
derselben Syntax wie bisher beschrieben — vor allen Unterprogrammen anzugeben
(siehe Variante 8, Seite 81).

Mit den globalen Variablen kann man den Informationsaustausch zwischen den einzelnen Unterprogrammen vornehmen und kann dadurch auf Parameter verzichten.
Der Informationsaustausch wird auf diese Weise zwar beschleunigt, aber man muß
sich folgendes vor Augen halten:

> Zur Unterprogrammtechnik greift man, um sein Programm modular auf-
> zubauen und um einzelne, bereits bestehende Module in eine andere
> Programm-Umgebung einbinden zu können. Wenn man gleichzeitig auf
> globale Variable zugreift, müssen diese auch in der neuen Programm-

Umgebung vorhanden sein. Das schränkt die Verwendungsmöglichkeit der Unterprogramme ein, so daß man nur in begründeten Ausnahmefällen globale Variable verwenden sollte.

Wird in einem Unterprogramm der Name einer globalen Variablen oder eines anderen Unterprogramms erneut deklariert, so wird hierdurch eine lokale Variable geschaffen. Die extern definierten Größen (globale Variable oder Unterprogramme) sind nicht mehr erreichbar: Innerhalb des Unterprogramms führt der Name stets zu der lokalen Variablen.

Wir haben oben angegeben, daß die globalen Variablen vor allen Unterprogrammen angegeben werden müssen. Dies ist nicht zwingend vorgeschrieben, sondern als Empfehlung gemeint: Man darf die Deklaration von globalen Variablen nach der Sprachfestlegung zwischen den Unterprogrammen an beliebiger Stelle angeben. Dies hat aber folgende Konsequenz:

Da eine nicht explizit deklarierte und nicht als **extern** spezifizierte Variable automatisch mit dem Typ **int** festgelegt wird, kann vom Compiler nicht erkannt werden, daß die Variable zu einem späteren Zeitpunkt als globale Variable vereinbart wird. Es muß deshalb die automatische Typfestlegung verhindert werden. Man erreicht das in dem betreffenden Unterprogramm mit der **extern**-Spezifikation. Man muß das Schlüsselwort **extern** vor oder nach der Typangabe, wie sie bei einer Deklaration erforderlich ist, aufführen und dann die Variablennamen auflisten. — Zur Verdeutlichung sei auf die Variante 9, Seite 81 Mitte, verwiesen.

4. Felder

In der Programmiersprache C kann man nur Felder (Vektoren, Matrizen) mit festen Grenzen deklarieren. Beim Aufruf von Komponenten des Feldes im weiteren Programmablauf muß man sicherstellen, daß die vereinbarten Grenzen nicht überschritten werden, da eine Überprüfung der Indexwerte durch das System nicht erfolgt.

Bei den Feldern steht in der Programmiersprache C der "Vektor" im Vordergrund: Ein zweidimensionales Feld ("Matrix") wird aufgefaßt als ein Vektor, dessen Komponenten aus einzelnen Vektoren bestehen. Entsprechend wird bei höherdimensionalen Feldern verfahren, wobei die maximal zulässige Anzahl der Dimensionen in der Sprachdefinition nicht festgelegt ist.

Das Zurückführen von mehrdimensionalen Feldern auf Vektoren drückt sich in der Syntax der Deklaration von Feldern und in dem späteren Aufruf der Feldkomponenten aus. Sie hängt eng mit den Zeigern zusammen, auf die wir später noch ausführlich eingehen werden (siehe Seite 16). Wir wollen deshalb zunächst die Handhabung von Vektoren erläutern und anschließend kurz auf Matrizen eingehen.

Ein Vektor wird ähnlich wie eine ("einfache") Variable zu Beginn eines Blocks — oder als globale Größe vor allen Unterprogrammen — deklariert. Nach dem Schlüsselwort für den gewünschten Typ seiner Komponenten gibt man den Namen des Vektors und in eckigen Klammern die **Anzahl** der Komponenten an. Die Deklaration eines Vektors kann man mit der Vereinbarung von einfachen Variablen und der Vereinbarung weiterer Felder verknüpfen.

Beispiel

Durch die Deklaration

```
float a,b[3],c,d,e[5];
```

werden drei einfache Variable mit den Namen a, c und d vereinbart und zwei Vektoren mit den Namen b und e. Der Vektor b besitzt 3 und der Vektor e insgesamt 5 Komponenten. Alle vereinbarten Variablen besitzen den Typ **float**.

Sicherlich gewöhnungsbedürftig ist die Festlegung in der Programmiersprache C, daß der Index bei Null beginnt und um 1 kleiner bleiben muß als die vereinbarte Anzahl der Komponenten. So sind die 3 Komponenten des Vektors b nach der obigen Deklaration aufrufbar mit

```
b[0],   b[1]      und      b[2]
```

und entsprechend die Komponenten des Vektors e mit

```
e[0],   e[1],  ...,  e[4].
```

Will man einen Vektor als Parameter für ein Unterprogramm vorsehen, so muß man den Namen des formalen Parameters bei der Typspezifikation mit einem leeren Paar von eckigen Klammern versehen. Beim Aufruf des Unterprogramms wird dann als aktueller Parameter der Name eines zuvor deklarierten Vektors angegeben.

Ein Vektor wird beim Aufruf eines Unterprogramms nicht mit **call by value** übergeben, wie es für einfache Variable vorgesehen ist. Die Übergabe ist vielmehr **call by reference**. Dies besagt, daß man mit dem Namen eines Vektors als aktuellem Parameter die Adresse der ersten Komponente an das Unterprogramm übergibt. Da die übrigen Komponenten sich als Speicherbereich hieran anschließen, ist damit der Vektor übergeben. Dabei muß von dem Programmierer berücksichtigt werden, daß das Unterprogramm keine Kenntnis davon hat, wie viele Komponenten der Vektor besitzt. Er muß diese Größe zusätzlich verwalten, d.h. notfalls an das Unterprogramm übermitteln.

Beispiel I.2 (siehe Seite 83)

Wir wollen die Berechnung des Polynoms

$$y(x) = a_2 x^2 + a_1 x + a_0 \quad \text{mit } a_2 = 1,\ a_1 = -2 \text{ und } a_0 = 1.4$$

für $x = 5$ programmieren.

```c
main()
{
  float x,y,a[3],pol();
  a[0] = 1.4; a[1] = -2; a[2] = 1;
  x = 5;
  y = pol(x,a);
  printf("%f %f", x, y);
}

float pol(x1,a1)
  float x1,a1[];
{
  float s1;
  s1 = (a1[2]*x1+a1[1])*x1+a1[0];
  return(s1);
}
```

Die Anweisungen des Programms wollen wir etwas genauer betrachten, soweit sie
für die Bearbeitung von Feldern wichtig sind.

Durch die Deklarationsanweisung

```c
float ..., a[3],...;
```

wird ein Vektor mit dem Namen a vereinbart, dessen drei Komponenten a[0],
a[1], a[2] den Typ float besitzen. In den nachfolgenden Anweisungen erhalten
die Komponenten die in der Aufgabenstellung vorgesehenen Werte zugewiesen. In
dem Aufruf

```c
y = pol(x,a);
```

wird der Wert von x an die lokale Variable x1 des Unterprogramms pol übergeben
(call by value) und die Startadresse des Vektors a für den zweiten Parameter a1
(call by reference). Auf Grund der eckigen Klammern in der Spezifikation

```c
float x1,a1[];
```

für die Parameter des Unterprogramms kann der Compiler erkennen, daß der zweite
Parameter (a1) ein Vektor sein soll. Man kann die Anzahl der Komponenten (als
konstanten Wert) an dieser Stelle angeben. Da der Wert aber weder abgeprüft noch
sonst verwendet wird, kann man ihn bei Vektoren auch weglassen.

Bei einem Vektor als Parameter ist die Typspezifikation seiner Komponenten besonders wichtig. Man darf z.B. nicht einen int-Vektor als aktuellen Parameter beim
Unterprogrammaufruf

an der Stelle eines mit `float` spezifizierten formalen Parameters angeben. Die unterschiedliche Typfestlegung bringt die Adressberechnung für die Vektorkomponenten durcheinander, was — ohne Fehlermeldung — zu falschen Ergebnissen führt.

In der Mathematik nennt man eine Tabelle mit n Zeilen und m Spalten eine (n × m)-Matrix. Die einzelnen "Fächer" der Tabelle, d.h., die einzelnen Elemente der Matrix werden durch zwei Indizes adressiert, wobei der erste Index die Zeilennummer und der zweite Index die Spaltennummer angibt.

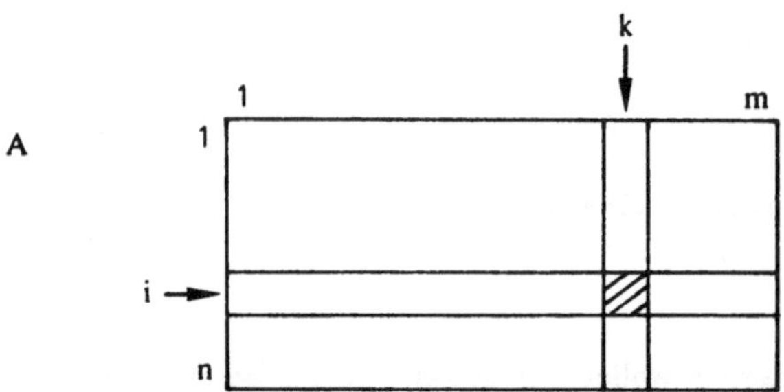

Das oben angedeutete Element der Matrix A wird durch a_{ik} bezeichnet. Gewohnheitsmäßig beschreibt man eine Matrix zeilenweise, d.h., der zweite Index "läuft schneller" als der erste.

In der Programmiersprache C faßt man eine Matrix als einen Vektor auf, dessen einzelne Komponenten wieder Vektoren sind. So schreibt man als Deklaration einer (3 × 7)-Matrix, deren Elemente den Typ `float` besitzen sollen,

<u>nicht</u>   `float a[3, 7];`   sondern   `float a[3][7];`

Bei späteren Aufrufen der Elemente a_{ik} ist anzugeben:

  `a[i][k]`

Mit dem folgenden Beispiel wollen wir die Handhabung von Matrizen erläutern.

Beispiel I.3 (siehe Seite 84)

  Es soll für die Matrix

$$A = \begin{pmatrix} 10 & 20 & 30 \\ 40 & 50 & 60 \end{pmatrix}$$

die Summe ihrer Elemente in einem Unterprogramm berechnet und anschließend ausgedruckt werden.[7]

---

[7]In der Mathematik beginnt die Index-Zählung in aller Regel bei 1; im C-Programm ist das erste Element einer Matrix a mit `a[0][0]` aufzurufen.

```
main()
{
  float a[2][3],su,summe();
  a[0][0] = 10; a[0][1] = 20; a[0][2] = 30;
  a[1][0] = 40; a[1][1] = 50; a[1][2] = 60;
  su = summe(a);
  printf("Summe = %f",su);
}

float summe(b)
  float b[][3];
{
  float h;
  h = b[0][0] + b[0][1] + b[0][2]+
      b[1][0] + b[1][1] + b[1][2];
  return(h);
}
```

Wie man sehr schnell feststellt, ist die Schreibweise mit den vielen eckigen Klammern
unübersichtlich und bei der Programmeingabe sehr mühsam (man wird deshalb wohl
nur ungern zu höherdimensionalen Matrizen greifen).

Bei der Übergabe der Matrix a an das Unterprogramm **summe** wird lediglich die
Startadresse des Bereichs übergeben (**call by reference**). Die Übergabeart ist
uns schon von Vektoren her bekannt. Die Matrixform muß durch die Spezifikation des formalen Parameters im Unterprogramm festgelegt werden. Da die Matrix
zeilenweise abgespeichert ist, muß die Angabe der Zeilenlänge (im Beispiel: 3) unbedingt erfolgen. Demgegenüber ist die Anzahl der Zeilen ohne Bedeutung. Sie
wurde in der Spezifikation

```
float b[][3];
```

im Unterprogramm **summe** des obigen Beispiels weggelassen. Bei der Zeilenlänge (=
Anzahl der Spalten) muß in der Spezifikation einer Matrix als formalem Parameter
ein konstanter Wert angegeben werden, ein Variablenname ist an dieser Stelle nicht
erlaubt. Damit schränkt man die Verwendung von Unterprogrammen mit Matrizen auf Anwendungen mit gleicher Anzahl von Spalten ein. In vielen Fällen wird
man diese Einschränkung nicht akzeptieren können. Aus diesem Dilemma gibt es
folgenden Ausweg:

Wie oben dargestellt, wird eine Matrix zeilenweise in Form eines Vektors abgespeichert, d.h., es ist folgende Korrespondenz zwischen einer Matrix a und dem Vektor
v als ihrem Speicherbild gegeben:

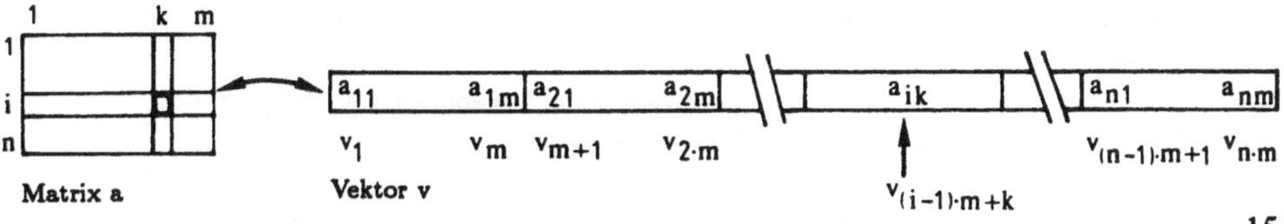

Das Element a_{ik} der Matrix a ist also in der Komponente $(i - 1) \cdot m + k$ des zugehörigen Vektors v abgespeichert.[8]

Da mit dem Matrixnamen als aktuellem Parameter nur die Startadresse des Speicherbereichs an das Unterprogramm übermittelt wird, nicht jedoch die Struktur, kann man im Unterprogramm als formalen Parameter einen Vektor spezifizieren. Man hat dann die oben angedeutete Index-Umrechnung für die Matrixelemente selbst durchzuführen. Dies hat den Vorteil, daß man das Unterprogramm für Matrizen mit unterschiedlicher Zeilenlänge verwenden kann (siehe Variante 1, Seite 84 Mitte).

5. Zeigervariable

In dem vorausgehenden Abschnitt haben wir dargestellt, wie Matrizen abgespeichert sind und wie man auf ihre Elemente nach Übergabe an ein Unterprogramm mit Hilfe eines Vektors zugreifen kann. Wir wollen die angegebenen Möglichkeiten jetzt mit Hilfe von Zeigervariablen verallgemeinern. Als Anwendung wollen wir dann auf das Beispiel I.3 (siehe Seite 14) zurückkommen.

Eine Zeigervariable ist eine Größe (Typ `unsigned`), die die Adresse von einem Speicherplatz [9] aufnehmen kann. Je nach dem Typ, die diesem Speicherplatz zugeordnet ist (`char`, `short`, `int`, `long`, `unsigned`, `float`, `double` oder auch Strukturen), variiert die Länge des Speicherplatzes (1 Byte, 1 Wort, 1 Doppelwort oder mehr). Diese Längenunterschiede werden bei der Adressberechnung (siehe unten) automatisch berücksichtigt. Damit dies vom C-Compiler vorgenommen werden kann, muß bei der Deklaration einer Zeigervariablen festgelegt werden, auf welchen Speicherplatz-Typ sie zeigen soll.

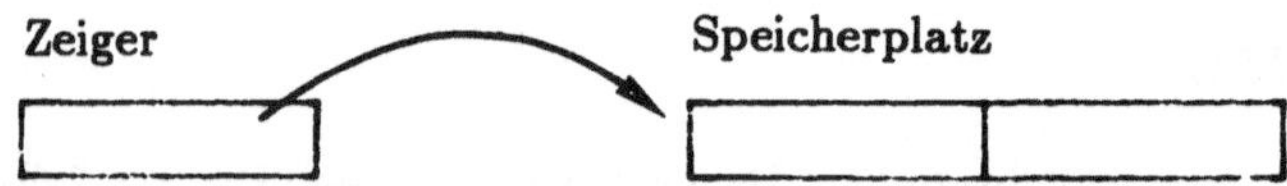

Ist p eine Zeigervariable, dann wird mit *p der Speicherplatz bezeichnet, auf den p verweist. Wegen dieses Zusammenhangs wird die Deklaration einer Zeigervariablen p in der Form

```
Typ *p;
```

---

[8] Wegen der Index-Verschiebung wird die j-te Komponente eines Vektors v im C-Programm mit `v[j-1]` aufgerufen.

[9] Um uns leichter verständlich zu machen, wollen wir im Augenblick von *Speicherplatz* sprechen als der Variablen, auf die eine Zeigervariable verweist.

vorgenommen. Dabei ist Typ durch den Typ zu ersetzen, den der Speicherplatz
besitzen soll.

Beispielsweise wird durch

```
double x,*z;
```

neben der Variablen x eine Zeigervariable z deklariert, die — mit ihrem ganzzah-
ligen Wert — auf einen Speicherplatz für doppelt genaue Zahlen verweisen kann.
Unmittelbar nach der Deklaration ist in der Zeigervariablen irgendein Wert gespei-
chert, der als Verweis auf einen Speicherplatz für double interpretiert wird. Eine
Kontrolle, ob wir auf den Speicherplatz *z zugreifen dürfen und ob wir durch eine
Wertzuweisung der Form

```
*z = ...;
```

vielleicht wichtige Informationen zerstören, findet nicht statt. Wir sind als Programmierer dafür verantwortlich, daß die Zeigervariable z auf einen Speicherplatz
verweist, der uns für die Aufnahme von Werten bereitgestellt wurde. Dies kann
z.B. dadurch geschehen, daß der Zeigervariablen z die Startadresse eines Vektors
zugewiesen wird (siehe unten). Eine andere Möglichkeit ist die, daß wir der Zeigervariablen die Adresse eines einzelnen Speicherplatzes zuweisen. Hierzu dient der
sogenannte Adress-Operator &. Er stellt die Adresse — ganze Zahl, Typ unsigned
— der anschließend angegebenen Variablen bereit. So wird durch

```
z = &x;
```

die Adresse des Speicherplatzes x — Typ double — in der Zeigervariablen z gespeichert:

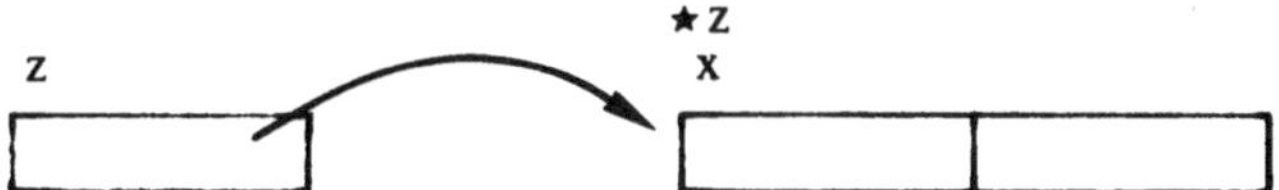

Anschließend kann man durch

```
*z = ...;   oder alternativ durch   x = ...;
```

dem Speicherplatz einen Wert zuweisen und ihn später durch *z oder x wieder
abrufen. So wird durch

```
v = *z+1;
```

der Variablen v der um 1 erhöhte Inhalt des Speicherplatzes *z — identisch mit x
— zugewiesen. Demgegenüber wird durch

```
*(z+1)
```

die Adresse von z um einen Speicherplatz — Typ double — erhöht und durch den Operator * der Inhalt dieses Speicherplatzes abgerufen. Das ist der Speicherplatz, der unmittelbar hinter der Variablen x liegt. (Der Zugriff ist hier nicht sinnvoll, weil wir keinen Bereich für uns reserviert haben.)

Da bei der Adressberechnung dieselben Grundrechenarten mit den Operatoren $+, -, *$ und $/$ benutzt werden, müssen wir beim Umgang mit Zeigervariablen sehr genau darauf achten, ob

- die Adresse

oder

- der Inhalt

eines Speicherplatzes gemeint ist und darüber hinaus sicherstellen, daß wir auf die Speicherplätze auch sinnvoll zugreifen dürfen.

Vor diesem Hintergrund wollen wir als eine weitere Lösung zu dem Beispiel I.3 die Variante 2 angeben (siehe Seite 85):

```
main()
{
  float a[2][3],su,summe();
  a[0][0] = 10; a[0][1] = 20; a[0][2] = 30;
  a[1][0] = 40; a[1][1] = 50; a[1][2] = 60;
  su = summe(a,3);
  printf("Summe = %f",su);
}

float summe(p,m)
  float *p;
  int m;
{
  float h;
  h =    *p      + *(p+1)    + *(p+2)
      + *(p+m) + *(p+m+1) + *(p+m+2);
  return(h);
}
```

In dem Unterprogramm summe wird für den ersten Parameter p der Typ

"Zeiger auf einen Speicherplatz mit Inhalt vom Typ float"

spezifiziert. Dies geschieht durch die Angabe

```
float *p;
```

In der Anweisung

```
h = *p + *(p+1) + *(p+2) + ...   ;
```

werden in den Klammern Adressen hochgezählt, außerhalb der Klammern die Inhalte der jeweils adressierten Speicherplätze addiert.

Im Hauptprogramm **main** wird durch den Aufruf

```
summe(a,3)
```

an die Zeigervariable p des Unterprogramms **summe** die Adresse der Matrix a (wegen **call by reference**) übergeben. Damit korrespondieren

```
a[0][0]    und    *p
a[0][1]    und    *(p+1)
...
a[1][2]    und    *(p+m+2)   (wegen m = 3 identisch mit *(p+5))
```

In dem Unterprogramm wird also auf dem durch die Matrix a bereitgestellten Bereich operiert, und es wird wieder die Summe aller Elemente der Matrix a berechnet.

Da die Adressen a und a[0] in dem Beispielprogramm beide auf den Speicherplatz a[0][0] verweisen, dürfte der Aufruf des Unterprogramms auch lauten:

```
summe(a[0],3)   aber nicht   summe(a[0][0],3)
```

da a[0][0] den Inhalt des Speicherplatzes bereitstellt und nicht seine Adresse. Hier hätten wir den Adress-Operator & (siehe Seite 17) folgendermaßen einsetzen müssen:

```
summe(&a[0][0],3)
```

Bisher haben wir nur beschrieben, wie man über einen Parameter einen Wert an ein Unterprogramm übermitteln kann. Wir wollen nun darstellen, wie man einen Wert über die Zuweisung an einen formalen Parameter beim Aufruf des Unterprogramms nach außen an den aufrufenden Programmteil übergeben kann.

Hierzu übergeben wir an das Unterprogramm nicht den Namen eines Speicherplatzes, sondern seine Adresse (also eine Zeigervariable). Dabei müssen bei der Deklaration des Unterprogramms und seinem späteren Aufruf mehrere Punkte zusammenpassen.

Bei der Deklaration eines Unterprogramms up muß der formale Parameter fp, der einen Wert zurückreichen soll, als Zeigervariable spezifiziert werden. Hierzu ist erforderlich:

	Bedeutung

`. . .`
`up(...,fp)`
`  Typ *fp;`
`{`
`  . . .`
`  *fp = ...;`
`  . . .`
`}`
	Für den zum Parameter fp gehörenden Speicherplatz *fp wird ein Typ festgelegt.
	
	Der Speicherplatz *fp erhält einen Wert zugewiesen.

In dem aufrufenden Programmteil müssen die Variablen, die als aktuelle Parameter einen Wert aufnehmen sollen, mit demselben Typ deklariert werden wie der formale Parameter spezifiziert wurde. Ferner muß der Aufruf des Unterprogramms unbedingt mit einer Zeigervariablen vorgenommen werden, der auf einen reservierten Speicherplatz mit dem festgelegten Typ zeigt. Hierbei gibt es zwei verschiedene Möglichkeiten, die in dem folgenden Programmausschnitt angedeutet werden sollen:

	Bedeutung

`. . .`
`Typ *z,v1,v2;`
`z = &v1;`
`up(...,z);`
 	
`up(...,&v2);`
	
	z zeigt auf den Speicherplatz v1 (=Variable v1).
	Über die Zeigervariable z wird der Speicherplatz v1 adressiert und so der Variablen v1 im Unterprogramm up ein Wert zugewiesen.
	Es wird die Adresse des Speicherplatzes v2 übergeben; ihm wird im Unterprogramm up ein Wert zugewiesen.

Als eine Anwendung des gerade Beschriebenen sind im Lösungsteil zwei weitere Programme zur Berechnung eines Mittelwertes aus zwei Zahlen (Varianten 10 und 11 des Beispiels I.1, siehe Seite 82) angegeben.

Mit Hilfe von Zeigervariablen kann man auch auf Unterprogramme verweisen. Die Syntax für ihre Festlegung und den späteren Aufruf eines Unterprogramms durch Zeiger ist sehr gewöhnungsbedürftig, da die erforderliche, große Anzahl von Klammern verwirrend ist. — Es wäre übersichtlicher gewesen, die Festlegung durch ein Schlüsselwort zu veranlassen. — Wir wollen die vorgesehenen Angaben kurz skizzieren; anhand des Lösungsprogramms kann man die Aufrufe nachvollziehen.

Beispiel I.4 (siehe Seite 87)

	Bedeutung

`int g(k)`
  `int k;`
 	
`{ ... }`
 	
`main()`
`{`
	Deklaration des Unterprogramms g mit dem Typ int und Spezifikation des Parameters k.

`int g(),w;`	Spezifikation der Funktion g und Deklaration der Variablen w.
`int (*f)();`	Deklaration des Zeigers f (er soll auf ein Unterprogramm mit dem Typ int verweisen).
`f = g;`	Der Zeiger f verweist jetzt auf das Unterprogramm g.
`w = (*f)(6);`	Aufruf des Unterprogramms, auf das f verweist, also die Funktion g, mit dem aktuellen Parameter 6. Der ermittelte Funktionswert wird der Variablen w zugewiesen.
. . . `}`	

Man muß darauf achten, daß die beteiligten Unterprogramme und Zeigervariablen denselben Typ besitzen. Der C-Compiler nimmt fast keine Prüfung auf Zulässigkeit von Zuordnungen vor: Bei der Programmausführung wird mit falschen Werten — ohne Fehlermeldung — gerechnet.

Ebenfalls anhand eines Beispiels wollen wir nun die Übergabe eines Unterprogramms als Parameter eines anderen Unterprogramms zeigen, wobei wir jetzt die Unterprogramme mit dem Typ **float** versehen wollen.

Beispiel I.5 (siehe Seite 87)

	Bedeutung

```float fkt(x)```
  ```float x;```
  ```{ . . . }```
	Deklaration des Unterprogramms **fkt** mit dem Typ **float** und Spezifikation des Parameters x.

```float y(a,b,f)``` ```float a,b,(*f)();```	Deklaration des Unterprogramms y. Als dritter Parameter soll ein Unterprogramm mit dem Typ **float** übergeben werden.

```{```
  ```float w;```
  ```w = (*f)(a);```
	Aufruf des übergebenen Unterprogramms mit dem aktuellen Parameter a. Der berechnete Funktionswert wird zur weiteren Bearbeitung der lokalen Variablen w zugewiesen.

```. . .``` ```}```	

```main()```
```{```
  ```float y(),fkt(),z;```
 	
  ```z = y(-1.0,1.0,fkt);```
	Spezifikation der Unterprogramme y und **fkt** sowie Deklaration der Variablen z. Aufruf des Unterprogramms y mit der Übergabe der Funktion **fkt**. Im Unterprogramm y wird ```w = fkt(-1.0);``` ausgewertet.

```. . .``` ```}```	

Wie in dem Beispiel angedeutet, müssen die Unterprogramme und die zugehörigen Zeiger bezüglich ihres Typs aufeinander abgestimmt sein, d.h., es müssen

- das Unterprogramm **fkt**

- der formale Parameter **f** des Unterprogramms y mit der Spezifikation ```(*f)()``` und

- im Hauptprogramm die Angabe ```fkt()```

jeweils mit dem Typ **float** festgelegt werden. Fehlt eine der Angaben, liefert das Programm falsche Ergebnisse — ohne Fehlermeldung —.

An dem nachfolgenden Beispiel I.6 wollen wir zeigen, wie man in einem Vektor von Zeigern den Verweis auf Unterprogramme speichern und die Unterprogramme auch aufrufen kann. Werden die Unterprogramme als Funktionen aufgerufen, müssen die

Typen übereinstimmen, damit die Werte richtig berechnet werden. Eine Abprüfung findet nicht statt und damit auch keine Fehlermeldung. — Das Speichern von Verweisen auf Unterprogramme ist dann sehr sinnvoll, wenn man ähnliche Teilaufgaben in einzelnen Unterprogrammen abhandeln kann.

Beispiel I.6 (siehe Seite 88)

	Bedeutung

`float fkt(x)`
`  float x;`
`{ ... }`
	Deklaration des Unterprogramms **fkt**.

`float y(m,x)`
`  int m;    float x;`
`{ ... }`
	Deklaration des Unterprogramms **y**

`main()`
`{`
`  float y(),fkt(),w0,w1;`
	Spezifikation der Unterprogramme y und **fkt** sowie Deklaration der Variablen w0 und w1.

`  float (*f[2])();`	Deklaration des Vektors f mit 2 Komponenten. Die Komponenten sollen Verweise auf Unterprogramme mit dem Typ **float** aufnehmen.
`  f[0] = fkt;` `  f[1] = y;`	Speicherung der Adressen der Unterprogramme **fkt** und y in den beiden Komponenten des Vektors **f**.
`  w0 = (*f[0])(3.14);` `  w1 = (*f[1])(5, 6.28);`	Aufrufe der Unterprogramme, auf die die Komponenten von f verweisen. In der Variablen w0 wird der Wert von **fkt(3.14)** und in w1 der Wert von **y(5,6.28)** gespeichert.
`}`	

6. Variablenarten und Initialisierung von Variablen

In der bisherigen Beschreibung der Programmiersprache C haben wir zwei verschiedene Arten von Variablen — unabhängig von ihrem Typ — kennengelernt:

globale Variable: sie sind im gesamten Programm bekannt,

lokale Variable: sie sind in einem Unterprogramm oder einem Block deklariert und nur dort bekannt.

Weil die lokalen Variablen bei jedem Aufruf des Unterprogramms bzw. bei jedem
Betreten des Blocks neu angelegt werden, nennt man sie auch "automatische Variable".

Die Variablenarten wollen wir jetzt ergänzen um die "statischen" Variablen und um
"Register"-Variable. Das ist notwendig, weil sich die verschiedenen Variablenarten
bei der Initialisierung und auch bei dem Aufruf eines Unterprogramms unterschiedlich verhalten. Hinzu kommt, daß einfache Variable und Felder (Vektoren, Matrizen)
unterschiedlich behandelt werden müssen.

Eine lokale Variable kann als "statisch" festgelegt werden, indem man das
Schlüsselwort

```
static
```

in der Deklarationsanweisung vor oder hinter das Schlüsselwort für den Typ schreibt.
Die mit static festgelegten Variablen bleiben von einem Aufruf ihres Unterprogramms zum nächsten erhalten und ebenso ihr Inhalt. Damit haben die lokalen
Variablen eine gewisse Eigenschaft von globalen Variablen bekommen. Allerdings
sind sie nur in dem Unterprogramm bekannt, in dem sie deklariert wurden.

Eine globale Variable — und auch ein Unterprogramm — kann man ebenfalls mit
dem Attribut static versehen, nur hat dies eine andere Bedeutung:

> Ein in C geschriebenes Programm braucht für den Übersetzungslauf
> nicht in einer einzigen Datei abgespeichert zu sein. Wie wir später sehen
> werden, kann man mit Hilfe der include-Instruktion andere Dateien mit
> Source-Code in das Programm einfügen (siehe Seite 30).
>
> Globale Variable — und ebenso Unterprogramme — , für die in der De-
> klaration static festgelegt wird, sind nur in ihrer Datei bekannt, nicht
> in den übrigen, die durch die include-Instruktion eingebunden wer-
> den. Dieses Konzept dient dazu, bestimmte Größen (globale Variable,
> Unterprogramme) vor unbefugtem Zugriff zu schützen. — In anderen
> Programmiersprachen sind hierfür besondere Schlüsselwörter (HIDDEN,
> PROTECTED) vorgesehen.

Eine lokale Variable oder auch ein formaler Parameter eines Unterprogramms kann
mit dem Attribut register versehen werden, indem man das Schlüsselwort

```
register
```

in der Deklaration oder Spezifikation vor oder hinter dem Schlüsselwort für den Typ
angibt. Damit wird vom Programmierer ein Hinweis an den Compiler gegeben, daß
diese Variable sehr oft benutzt wird und sie deshalb in einem Register des Rechners
gespeichert werden sollte, um die Ausführungszeit des Programms zu minimieren.
Ist die Variable nicht mehr in einem Register unterzubringen (z.B.: alle Register
belegt), so wird das Attribut ignoriert und die Variable wird — wie früher beschrieben — im Arbeitsspeicher hinterlegt.

Lokale Variable mit dem Attribut **static** oder globale Variable werden von dem Compiler mit einem Anfangswert versehen. Nachfolgende Wertzuweisungen verändern den Variableninhalt; der neue Inhalt steht dann zur Verfügung. Bei globalen Variablen gilt dies für alle Unterprogramme, bei lokalen Variablen nur für das Unterprogramm, in dem sie deklariert wurden.

Lokale Variable, die nicht **static** sind, werden bei jedem Aufruf des Unterprogramms neu zur Verfügung gestellt; ihr Inhalt ist undefiniert. Wird ihnen durch eine Initialisierung (siehe unten) ein Anfangswert zugewiesen, steht dieser Anfangswert bei jedem Unterprogrammaufruf erneut zur Verfügung und zwar unabhängig von anschließenden Wertzuweisungen an die Variable.[10]

Während lokale Variable mit dem Attribut **static** und globale Variable nur mit konstanten Werten initialisiert werden können — sie müssen während der Übersetzung des Programms bekannt sein —, werden lokale Variable während der Ausführung des Programms initialisiert. Es ist deshalb möglich, ihnen Ausdrücke — einschließlich Funktionsaufrufen — zur Bestimmung des Anfangswertes zuzuweisen. Damit ist die Initialisierung von lokalen Variablen, die nicht **static** sind, eine Kurzform für eine Variablendeklaration mit anschließender Wertzuweisung. Im Lösungsteil wird eine Variante zu Beispiel I.1 angegeben, die diese Möglichkeit ausnutzt (siehe Seite 82).

Die Initialisierung einfacher Variabler erfolgt bei ihrer Deklaration und hat die Form

    Name = Anfangswert

So werden z.B. durch

```
float a,b = 5.0,c,d=10.6;
```

der Variablen b der Wert 5.0 und d der Wert 10.6 bei ihren Deklarationen als Anfangswerte zugewiesen. Die Variablen a und c sind nur dann mit dem Wert 0.0 initialisiert, wenn sie globale Variable sind, d.h., die Deklarationsanweisung außerhalb der Vereinbarung aller Unterprogramme angegeben wird.

Felder können nur dann initialisiert werden, wenn sie entweder global sind oder das Attribut **static** besitzen. Die allgemeine Form der Initialisierung eines Vektors ist

```
Vektorname[Anzahl] = {Wert, ..., Wert}
```

insgesamt **Anzahl** Anfangswerte

Dabei sollte die Zahl der angegebenen Anfangswerte mit der Anzahl der Vektorkomponenten übereinstimmen. Es ist zulässig, auf die Angabe der Komponentenzahl zu verzichten, also

---

[10]Das gilt nur für einfache Variable. Die Möglichkeiten bei der Initialisierung von Feldern werden unten beschrieben.

```
Vektorname[] = {Wert, ..., Wert}
```

gewünschte Zahl der Anfangswerte

anzugeben. In diesem Fall wird die Anzahl der Komponenten gleich der Anzahl der angegebenen Werte gesetzt.

Eine Besonderheit ist bei der Initialisierung eines Vektors mit dem Typ **char** gegeben. Es ist sehr umständlich, jeder Komponente des Vektors in der oben beschriebenen Weise ein Zeichen als Anfangswert zu übermitteln. Deshalb ist die Initialisierung durch einen String als weitere Möglichkeit vorgesehen. Innerhalb der Deklaration hat sie die allgemeine Form:

```
Vektorname[Anzahl] = {"Zeichenfolge"};
```

Die Zeichenfolge wird bei dieser Initialisierung auf die einzelnen Komponenten des Vektors verteilt, wobei automatisch das String-Ende-Zeichen \0 angehängt wird. Der Wert **Anzahl** muß also um mindestens 1 größer sein als die Zahl der Zeichen in dem String. Die verbleibenden Komponenten des Vektors bleiben unberührt.

Bei der Initialisierung einer Matrix muß man beachten, daß sie zeilenweise abgespeichert wird. In genau dieser Reihenfolge muß für jedes Matrixelement genau ein Anfangswert angegeben werden. Wiederholungsanweisungen, die die Schreibarbeit reduzieren könnten, sind nicht vorgesehen: Man muß für jedes Matrixelement gesondert einen Anfangswert angeben.

Aufgabe I.1 (siehe Seite 89)

Welche Werte besitzen die Variablen a, b, c, n, x und y im Verlauf des folgenden Programms?

```
float x,y=15.0;
int n;

main()
{
  n = 22;
  up();
  up();
}

up()
{
  static int a=3,n;
  int b=7,c;
  a = a+1; n = n-1; b = b*2;
  x = x+a; y = y+b;
}
```

7. Compiler-Instruktionen

Zum Schluß dieses Abschnitts wollen wir noch einmal auf die allgemeine Struktur
eines C-Programms zurückkommen. Wir hatten auf Seite 5 dargestellt, daß man
Instruktionen angeben kann, die der C-Compiler (genauer: der Präcompiler) für die
weiteren Programmanweisungen verwerten kann.

Die Instruktionen dienen dazu,

- - Namen für konstante Werte festzulegen,
- - Makros zu definieren und
- - weitere Source-Dateien einzubinden.[11]

Die Instruktionen beginnen stets in einer neuen Zeile mit dem Zeichen # in der
Position 1. Daran schließt sich ohne Zwischenraum ein vorgegebenes Schlüsselwort
an. Die weiteren Angaben hängen von dem Schlüsselwort ab. — In keinem Fall
darf die Instruktion mit einem Semikolon abgeschlossen werden, da es sich nicht um
eine C-Anweisung handelt.

Definieren von Konstantennamen

Die Instruktion zur Festlegung von Konstantennamen hat die Form

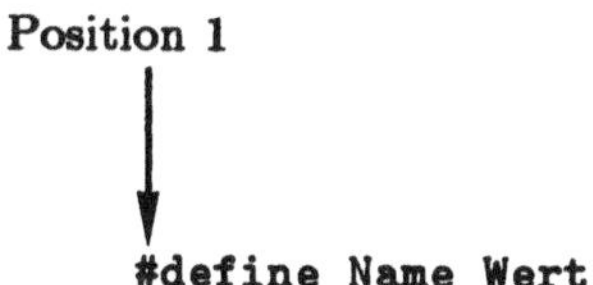

Von dem Präcompiler wird jedes Auftreten des Konstantennamens `Name` im weiteren
Programmtext ersetzt durch den oben angegebenen `Wert` (Ersetzung erfolgt nicht
in Strings). Anschließend wird auf den dann vorliegenden Programmtext der C-
Compiler angewendet.

Beispiel

```
#define nmax 20
    .   .   .
float a[nmax][nmax],b[nmax];
    .   .   .
```

Von dem Präcompiler wird der Name `nmax` bei jedem Auftreten — außer in Strings
— durch die Zeichenfolge 20 ersetzt. Der C-Compiler findet anschließend die Anweisung

```
float a[20][20],b[20];
```

vor. — Als Programmierer kann man mit dieser Möglichkeit die Grenzen von Feldern von einem Übersetzungslauf zum nächsten durch eine neue Konstantendefini-
tion verändern, ohne jedes einzelne Auftreten im Programm überprüfen zu müssen.

---

[11] Weitere Compiler-Instruktionen sind möglich, werden hier aber nicht beschrieben.

Definieren von Makros

Wenn man "einfache" Abhängigkeiten von einem oder mehreren Parametern programmieren will, kann man statt eines Unterprogramms, wie wir es bisher dargestellt haben, auch ein Makro angeben. Dies hat die Form:

Position 1

$\downarrow$

```
#define Makroname(Parameter₁, ..., Parameterₙ) Zeichenfolge
```

Zwischen dem **Makronamen** und der **Klammer auf** darf kein Leerzeichen auftreten. In der Zeichenfolge wird die Abhängigkeit von den Parametern mit Elementen der Programmiersprache C beschrieben.

Von dem Präcompiler wird jeder Makro-Aufruf im Programm durch die angegebene Zeichenfolge ersetzt. Gleichzeitig werden in der Zeichenfolge die formalen Parameter durch die aktuellen Parameter ersetzt. Es handelt sich dabei um eine *textmäßige* Ersetzung vor dem eigentlichen Übersetzungslauf.

Zur Verdeutlichung wollen wir ein einfaches Beispiel angeben.

Beispiel I.7 (siehe Seite 90)

Der Ausdruck $a^2 + b^2$ kann in einem Makro der folgenden Form beschrieben werden:

Position 1

$\downarrow$

```
#define quadsum(a,b)  (a*a+b*b)

main()
{
  int n,m,k;
  float x,y,q;
  k = 5;    m = 6;         n = quadsum(k,m)+20;
  x = 4.0; y = 2.0;        q = quadsum(x,y);
  . . .
}
```

Von dem Präcompiler wird in dem ersten Aufruf des Makros **quadsum** in der Anweisung:

```
n = quadsum(k,m)+20;
```

die abgewandelte Zeichenfolge eingesetzt, so daß man erhält:

```
n = (k*k+m*m)+20;
```

Erst diese Anweisung wird dann vom Compiler analysiert und übersetzt. Analog wird aus

```
q = quadsum(x,y);
```

die Anweisung

```
q = (x*x+y*y);
```

Wie man sieht, treten bei den Makros keine Typ-Umwandlungsprobleme auf: Wegen der textmäßigen Ersetzung kann man sie sowohl für int-Variable als auch für Variable vom Typ float benutzen, was bei Parametern von Unterprogrammen nicht möglich ist. Es treten aber an anderer Stelle Probleme auf, wie man an der folgenden Aufgabe sehen kann.

Aufgabe I.2 (siehe Seite 90)

a) Es sei das im obigen Beispiel definierte Makro quadsum gegeben. Welchen Wert liefert der Aufruf

```
quadsum(x+5.0,y)
```

mit $x = 4.0$ und $y = 2.0$ bei der Programmausführung? Wie ist das Ergebnis zu interpretieren?

b) Wie ist das Makro zu ändern, damit die Quadratsumme $(a^2 + b^2)$ für jedes Argumentpaar a und b berechnet wird?

Die Makros sind für "einfache" Berechnungen gedacht; man sollte deshalb beim Aufruf stets dafür sorgen, daß durch die aktuellen Parameter keine Nebenwirkungen —Aufruf von Unterprogrammen oder Nebenwirkungen durch spezielle Operatoren, siehe Seite 39 — verursacht werden. Durch die textmäßige Ersetzung des Makros können sonst die Nebenwirkungen mehrfach erzeugt werden.

Wenn wir uns jetzt nochmals die Definition von Konstantennamen vergegenwärtigen, so können wir sie ebenfalls als Makros — ohne Parameter — ansehen, für die an Stelle ihres Namens bei ihrem Aufruf die Zeichenfolge von dem Präcompiler eingesetzt wird. Und es ist ebenfalls verständlich, warum bei den Makros die sich öffnende Klammer dem Makronamen unmittelbar folgen muß.

Einige der vom Hersteller vorgegebenen Unterprogramme (siehe Abschnitt V) sind als Makros definiert. Durch entsprechende Instruktionen werden sie — und weitere Unterprogramme — von dem Präcompiler in unser Programm eingebunden.

Einfügen von Source-Dateien

Durch die Instruktion

Position 1

↓

```
    #include "Dateiname"
```

wird die Datei mit dem angegebenen Namen von dem Präcompiler in das Programm
eingefügt. Dies geschieht an der Stelle, an der die include-Instruktion angegeben
ist. Gibt man den Dateinamen, so wie es oben geschehen ist, in Anführungszeichen
an, wird zunächst das benutzereigene Inhaltsverzeichnis nach der angegebenen Datei
durchsucht, daran anschließend in bestimmter Reihenfolge die Systemdateien. Dies
dürfte der Normalfall sein. Daneben gibt es noch eine weitere Form der Angabe für
die Datei:

Position 1

↓

```
    #include <Dateiname>
```

Bei dieser Form wird das benutzereigene Inhaltsverzeichnis bei der Suche nach der
gewünschten Datei übersprungen.

II Boole'sche Ausdrücke, Programmverzweigungen und Schleifen

In der Programmiersprache C kennt man keinen gesonderten Variablentyp zur Aufnahme logischer Größen. Das Ergebnis eines Vergleichs — oder allgemeiner: einer Boole'schen Operation — erhält den Typ int zugeordnet und kann dementsprechend in Variablen vom Typ int (oder auch: char, short, long und unsigned) abgespeichert oder in arithmetischen Ausdrücken verwendet werden.

Man könnte bei diesen Gegebenheiten auf die besondere Betrachtung von "Relationen" und Boole'schen Operationen verzichten und nur über die Bildung arithmetischer Ausdrücke mit unterschiedlichen Operatoren sprechen. Das käme der Vorstellungswelt der Programmiersprache C vielleicht näher. Es dürfte den Einstieg in die Sprache und das Entwickeln von eigenen Programmen aber sehr erschweren. Wir wollen deshalb zunächst die Boole'schen Größen beschreiben, wohl wissend, daß sich hinter ihnen der Typ int verbirgt und später auf die gemeinsamen Aspekte zurückkommen.

In C gilt folgende Festlegung:

- Dem Boole'schen Wert "falsch" wird der int-Wert 0 zugeordnet.

- Jeder beliebige, von Null verschiedene Wert wird als "wahr" angesehen.

1. Relationen und logische Verknüpfungen

Eine Relation ist ein Vergleich zwischen zwei Ausdrücken, die man auch Operanden nennt. Das Ergebnis einer Relation ist entweder der Boole'sche Wert "falsch" oder der Wert "wahr". In der Programmiersprache C dürfen die Operanden einen der früher beschriebenen Datentypen char, short, int, long, unsigned, float oder double besitzen oder eine Zeigervariable sein.

Es sind folgende Relationen vorgesehen:

mathem. Zeichen	Zeichen in C	Priorität [1]	Anwendungs-form	Ergebnis mit Typ int
$<$	$<$		$z = a < b$	$z = \begin{cases} 1 & \text{falls} \quad a < b \\ 0 & \text{sonst} \end{cases}$
$\leq$	$<=$		$z = a <= b$	$z = \begin{cases} 1 & \text{falls} \quad a \leq b \\ 0 & \text{sonst} \end{cases}$
$\geq$	$>=$	6	$z = a >= b$	$z = \begin{cases} 1 & \text{falls} \quad a \geq b \\ 0 & \text{sonst} \end{cases}$
$>$	$>$		$z = a > b$	$z = \begin{cases} 1 & \text{falls} \quad a > b \\ 0 & \text{sonst} \end{cases}$
$=$	$==$		$z = a == b$	$z = \begin{cases} 1 & \text{falls} \quad a = b \\ 0 & \text{sonst} \end{cases}$
$\neq$	$!=$	7	$z = a != b$	$z = \begin{cases} 1 & \text{falls} \quad a \neq b \\ 0 & \text{sonst} \end{cases}$

---

[1] Die Relationen $<$, $<=$, $>=$ und $>$ besitzen gegenüber $==$ und $!=$ eine höhere Priorität, werden also in einem Ausdruck mit mehreren, unterschiedlichen Relationen zuerst ausgeführt. Die Stufennummern 6 und 7 sind im Zusammenhang mit anderen Operationen zu sehen (siehe Anhang C, Seite 122).

Zur Verdeutlichung der Tabelle wollen wir ein Beispiel angeben, wozu folgender
Programmausschnitt gegeben sei:

	Bedeutung
`int n,m; float x,y;` `x = 10.3; y = 6.1;`	
`n = x > y;`	n erhält den Wert 1, weil der Wert von x größer ist als der Wert von y.
`m = n < 1;`	m erhält den Wert 0, weil n nicht kleiner als 1 ist.

Die Ergebnisse von Relationen kann man mit logischen Operatoren zu logischen
Ausdrücken formen. In der Programmiersprache C kennt man neben der Vernei-
nung nur die logischen Operationen UND und ODER, diese aber in verschiedenen
Ausprägungen und unterschiedlichen Prioritätsstufen.

mathem. Zeichen	Zeichen in C	Priori-tät	Bedeutung	Anwendungs-form	Ergebnis mit Typ int
$\neg$	`!`	2	Verneinung	$z = !r$	$z = \begin{cases} 1 & \text{falls} \quad r = 0 \\ 0 & \text{sonst} \end{cases}$
$\wedge$	`&`	8	UND	bitweise Verknüpfung der Operanden; nur für `char, short, int, long und unsigned`	
	`&&`	11		$z = r \,\&\&\, s$	$z = \begin{cases} 1 & \text{falls} \quad r \text{ und } s \neq 0 \\ 0 & \text{sonst} \end{cases}$
$\vee$	`^`	9	exklusives ODER	bitweises Verknüpfen der Operanden; nur für `char, short, int, long und unsigned`	
	`|`	10	ODER		
	`||`	12	ODER	$z = r \,\|\|\, s$	$z = \begin{cases} 1 & \text{falls} \quad r \neq 0 \text{ oder } s \neq 0 \\ 0 & \text{sonst} \end{cases}$

(Der Typ von r und s muß `char, short, int, long, unsigned, float, double`
oder ein Zeiger sein; r und s brauchen nicht denselben Typ zu besitzen.)

Bei den Größen a und b in der Tabelle zu den Relationen (Seite 31) sowie den Größen
r und s in der obigen Tabelle zu den logischen Operationen braucht es sich nicht nur
um Konstanten und Variablen zu handeln; vielmehr können darin auch Ausdrücke
mit Aufrufen von Unterprogrammen enthalten sein, die ihrerseits Nebenwirkungen
einschließen. Es ist deshalb wichtig zu wissen, wie die jeweiligen Relationen oder
logischen Operationen abgearbeitet werden.

Bei einer Relation wird zuerst der linke Operand berechnet und eventuell bezüglich des Typs umgewandelt und dann der rechte. Anschließend wird der Vergleich durchgeführt und der resultierende Wert 0 oder 1 bestimmt. Wegen der möglichen Nebenwirkungen braucht z.B.

$$a < b \quad \text{nicht mit} \quad b > a$$

äquivalent zu sein.

Die Auswertung der logischen Verknüpfungen UND und ODER stellen sich mit ihren unterschiedlichen Operationen in C komplizierter dar, so daß wir sie einzeln beschreiben wollen.

a) Bitweises UND ($z = r$ & $s;$)

Beide Operanden r und s werden ausgewertet. Dabei liegt die Auswertungsreihenfolge (z.B. zuerst r, dann s) **nicht** fest. Die Ergebnisse von r und s müssen den Typ int (oder char, short, long, unsigned) besitzen. Als Ergebnis erhält man in z ein Bitmuster, das die UND-Verknüpfung der korrespondierenden Bits aus den Operanden r und s darstellt.

b) Logisches UND ($z = r$ && $s;$)

Als erster Schritt wird der linke Operand r ausgewertet. Liefert er den Wert 0 (entspricht "falsch"), so wird der zweite Operand s nicht mehr ausgewertet. Die Variable z erhält den Wert 0 zugewiesen.

Liefert die Auswertung des ersten Operanden r dagegen einen von Null verschiedenen Wert, so wird die Auswertung des zweiten Operanden s vorgenommen. Liefert dieser ebenfalls einen von Null verschiedenen Wert, so ist das Ergebnis für z der Wert 1, sonst 0. Man kann insgesamt festhalten:

$$z = \begin{cases} 1 & \text{falls} \quad r \neq 0 \text{ und dann auch } s \neq 0 \\ 0 & \text{sonst} \end{cases}$$

c) Bitweises exklusives ODER ($z = r$ ^ $s;$), bitweises ODER ($z = r$ | $s;$)

Beide Operanden r und s werden ausgewertet; dabei ist die Auswertungsreihenfolge (z.B. erst r, dann s) **nicht** gewährleistet. Die Ergebnisse von r und s müssen den Typ int (oder char, short, long, unsigned) besitzen. Als Ergebnis der Operationen ^ oder | erhält man in z ein Bitmuster, das der ODER-Verknüpfung der korrespondierenden Bits aus den Operanden r und s entspricht. Das Zeichen ^ (ASCII-Verschlüsselung 94) darf nicht verwechselt werden mit dem mathematischen Zeichen $\wedge$ für die UND-Verknüpfung.

d) Logisches ODER ($z = r$ || $s;$)

Als erster Schritt wird der linke Operand r ausgewertet. Liefert er einen von Null verschiedenen Wert (entsprechend "wahr"), so wird der zweite Operand s nicht mehr ausgewertet. Die Variable z erhält den Wert 1. Liefert die Auswertung des ersten Operanden r dagegen den Wert 0, so wird der zweite Operand s abgeprüft. Liefert der Operand s einen von Null verschiedenen Wert, so erhält die Variable z den Wert 1, sonst den Wert 0.

Wie man sich aus den obigen Erläuterungen klarmachen kann, brauchen bei implizierten Nebenwirkungen die Ausdrücke

$$r \parallel s \quad \text{und} \quad s \parallel r$$

nicht zu gleichen Ergebnissen zu führen. Darüber hinaus sind die Prioritätsfestlegungen für die einzelnen Verknüpfungen nicht unmittelbar einleuchtend. Es empfiehlt sich deshalb, Klammerpaare zu setzen.

Aufgabe II.1 (siehe Seite 91)

In der Mathematik beschreibt man den Sachverhalt

"x liegt zwischen den Werten g_1 und g_2"

oft durch

$$g_1 \leq x \leq g_2.$$

a) Kann man diesen Sachverhalt in der Programmiersprache C in derselben Form ausdrücken?

b) Welchen Wert erhält die Variable b mit der Zuweisung

```
b = 10 <= x <= 15;
```

für den Wert x $= -4$?

2. Bedingte Anweisung, Alternative

Bei der bedingten Anweisung wird die Anweisung in Abhängigkeit von einer Bedingung ausgeführt. Sie hat die allgemeine Form

```
if (Bedingung) Anweisung;
```

Dabei steht "Bedingung" für einen Ausdruck vom Typ `int`. Dieser Ausdruck wird berechnet und als Boole'scher Wert interpretiert, d.h., liefert er einen von Null verschiedenen Wert, so wird die angegebene Anweisung ausgeführt.

An Stelle der einen Anweisung darf auch ein Block (siehe Seite 8) angegeben werden. In der Regel wird der Block keine Deklarationen enthalten, sondern nur eine Folge von Anweisungen besitzen. Man spricht dann von einer "zusammengesetzten Anweisung". Wichtig ist, daß alle Anweisungen (auch die letzte) innerhalb der geschweiften Klammern, die den Block begrenzen, mit einem Semikolon abgeschlossen werden. Nach der sich schließenden geschweiften Klammer braucht kein Semikolon angegeben zu werden.[2] Die Form der bedingten Anweisung lautet damit:

```
if (Bedingung)
  {  Anweisung₁;    Anweisung₂;     ...    Anweisungₙ;    }
```

---

[2] Die "geschweifte Klammer zu" besitzt in diesem Zusammenhang die Eigenschaft zum Abschluß einer Anweisung.

Eine weitere Form der if-Anweisung ist die "Alternative":

    if (Bedingung) Anweisung$_1$; else Anweisung$_2$;

Liefert der Ausdruck vom Typ int, der als Bedingung angegeben ist, einen von Null verschiedenen Wert, so wird die Anweisung$_1$ ausgeführt und die Anweisung$_2$ übersprungen. Hat der Ausdruck dagegen den Wert 0, wird die Anweisung$_1$ übersprungen und die Anweisung$_2$ ausgeführt.

Für das Setzen eines Semikolons gibt es einige Punkte, die man unbedingt beachten muß. Da sie sich nicht von selbst verstehen, sollen sie hier kurz angegeben werden.

> Die Anweisung$_1$ muß mit einem Semikolon abgeschlossen werden und zwar auch dann, wenn sie leer ist.

> Stellt die Anweisung$_1$ eine zusammengesetzte Anweisung dar, so müssen alle Anweisungen innerhalb der geschweiften Klammern mit einem Semikolon abgeschlossen werden. Aber es darf nach der "geschweiften Klammer zu" kein Semikolon angegeben werden.— Diesen Sachverhalt kann man sich damit erklären, daß die "geschweifte Klammer zu" gleichzeitig das Ende der zusammengesetzten Anweisung angibt. Ein zusätzliches Semikolon bedeutet eine zusätzliche Leeranweisung, die an dieser Stelle nicht erlaubt ist.

Es ist klar, daß die Anweisungen 1 und 2 in der obigen allgemeinen Form der Alternative wieder bedingte Anweisungen oder Alternativen sein dürfen. Um dann die Bedingungsreihenfolge eindeutig zu strukturieren, muß man bei der Anweisung$_1$ zusätzlich geschweifte Klammern angeben. Bei der Anweisung$_2$ kann man darauf verzichten, so daß man mehrfache Bedingungen auch in der Form:

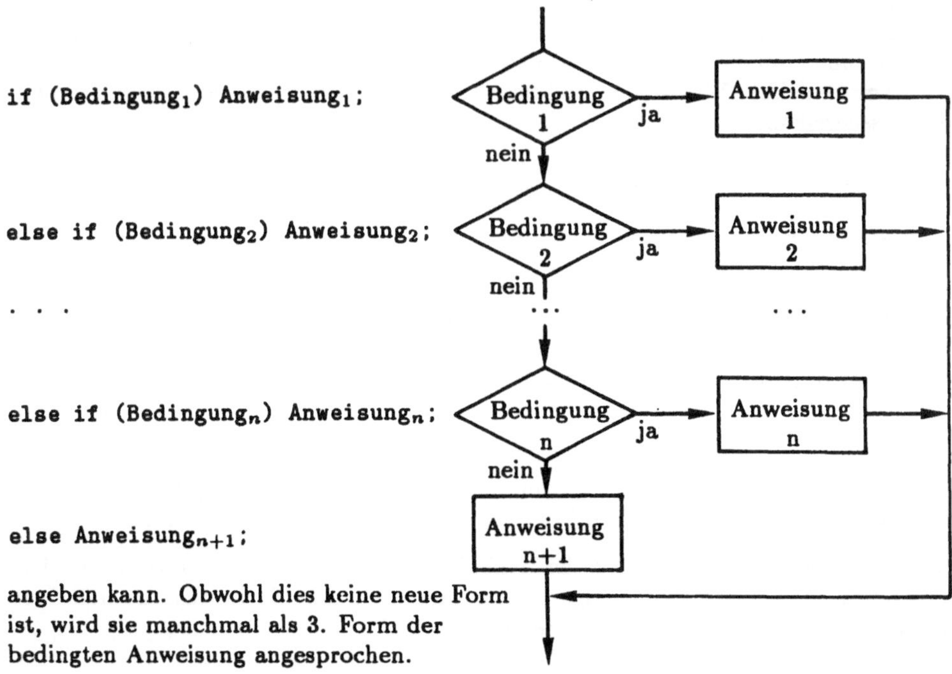

angeben kann. Obwohl dies keine neue Form ist, wird sie manchmal als 3. Form der bedingten Anweisung angesprochen.

3. Sprunganweisung

Die Sprunganweisung hat die allgemeine Form

```
goto Marke;
```

Dabei ist `Marke` ein Name, der durch einen Doppelpunkt (:) getrennt vor einer
Anweisung geschrieben wird. Der Name der Marke muß eindeutig sein, und er darf
nicht mit einem Schlüsselwort oder dem Namen einer Variablen übereinstimmen.
Er braucht nicht vereinbart zu werden — wie es z.B. in der Programmiersprache
Pascal vorgeschrieben ist — .

Mit der Anweisung

```
goto Marke;
```

wird die Bearbeitung des Programms mit der Anweisung fortgesetzt, vor der die
Marke geschrieben wurde.

Die Sprunganweisung ist eine einfache Art der Programmverzweigung. Wenn man in
einem größeren Programm zu viele Marken und zu viele Sprunganweisungen angibt,
kann es sehr schwer werden, den Programmablauf nachzuvollziehen. Man sollte die
Sprunganweisung deshalb so wenig wie möglich verwenden und an ihrer Stelle lieber
eines der nachfolgend beschriebenen Sprachelemente einsetzen.

4. Schleifensteuerung

Auch in der Programmiersprache C gibt es mehrere Anweisungen zur Steuerung
von Schleifen, d.h., zum mehrfachen Durchlaufen von bestimmten Programmab-
schnitten. Zum einen unterscheiden sich die Anweisungen darin, an welcher Stelle
innerhalb der Schleife die Abfrage zur Wiederholung geschieht (`while`- und `do`-
Schleife) und zum anderen, ob es eine automatische Veränderung der Laufvariablen
gibt (`for`-Schleife). Wir wollen nun die einzelnen Anweisungen zur Schleifensteuerung beschreiben.

a) Die allgemeine Form der `while`-Schleife lautet:

```
while (Bedingung) Anweisung;
```

Die angegebene Bedingung wird getestet, d.h., der Ausdruck vom Typ `int` wird
berechnet. Liefert er einen von Null verschiedenen Wert, so wird die angegebene
Anweisung ausgeführt, andernfalls übersprungen. Nach Ausführung der Anweisung
wird die Bedingung erneut getestet und in Abhängigkeit von dem berechneten Wert
erneut ausgeführt. — Man kann die `while`-Schleife auch folgendermaßen beschreiben:

> Wenn und solange die Bedingung erfüllt ist, d.h., einen von Null ver-
> schiedenen Wert liefert, wird die angegebene Anweisung ausgeführt.

Da die Bedingung vor Betreten der Schleife getestet wird, kann es sein, daß die
angegebene Anweisung kein einziges Mal ausgeführt wird. Man spricht deshalb bei
der `while`-Schleife von einer "abweisenden Schleife".

b) Die allgemeine Form der do-Schleife ist:

```
do Anweisung while (Bedingung);
```

Zuerst wird die Anweisung ausgeführt, dann wird die Bedingung abgeprüft. Die Schleife wird also mindestens einmal durchlaufen. Ob sie anschließend nochmals durchlaufen wird und wie oft, hängt von dem Ausdruck ab, der die Bedingung darstellt. Die do-Schleife können wir auch als **while**-Schleife angeben:

```
do Anweisung            |  Anweisung;
while (Bedingung);      |  while (Bedingung) Anweisung;
```

c) Die for-Schleife hat die allgemeine Form:

```
for (Anfangswertsetzung; Bedingung; Inkrementierung)
   Anweisung;
```

Die for-Schleife wird in folgender Weise umgesetzt:

1. Es wird die Anfangswertsetzung durchgeführt.

2. Anschließend wird die Bedingung abgeprüft.

   Wenn der Ausdruck, der als Bedingung angegeben ist, einen von Null verschiedenen Wert liefert, wird die angegebene Anweisung ausgeführt,

   sonst wird die for-Schleife verlassen.

3. Als letzter Schritt innerhalb der Schleife wird die Inkrementierung durchgeführt — in der Regel wird dies eine Erhöhung oder Erniedrigung der Laufvariablen sein — und zu der erneuten Abprüfung der Bedingung (Punkt 2) zurückverzweigt.

Die for-Schleife können wir auch als **while**-Schleife angeben:

```
Anfangswertsetzung;
while (Bedingung)
{
  Anweisung;
  Inkrementierung;
}
```

Beispiel II.1 (siehe Seite 92)

Als ein einfaches Beispiel kann die Aufsummierung der Zahlen von 1 bis 100 dienen:

```
int n,s;
s = 0;
for (n=1;    n <= 100;   n = n+1)          s = s+n;
```

Anfangs-wert-setzung	Bedingung	Inkrementierung der Laufvaria-blen n	Anweisung

Wir haben die allgemeine Form der for-Schleife in der Weise angegeben, wie sie
wohl in den meisten Fällen eingesetzt wird. Aber sie ist nicht darauf beschränkt.
So ist es z.B. zulässig, daß einzelne Angaben in der obigen Klammer bei der for-
Schleife fehlen. Welche es sind, ist durch die in jedem Fall erforderlichen Semikolons
als Trennzeichen erkennbar. So sagt z.B. die for-Schleife

```
for ( ; Bedingung ; ) Anweisung;
```

daß die Anfangswertsetzung entfallen soll — sie mag durch eine andere Anweisung
erfolgt sein — und ebenfalls die Inkrementierung. Damit ist die obige Schleife mit

```
while (Bedingung) Anweisung;
```

äquivalent und die angegebene Anweisung muß die Bedingung so weit verändern,
daß es zu einer Beendigung der Schleife kommen kann.

Fehlt in der for-Schleife die Bedingung, so wird eine unendliche Schleife angenommen. Man kann sie nur durch eine Sprunganweisung verlassen.

Es kann vorkommen, daß man für eine for-Schleife nicht nur eine einzige Variable
auf einen Anfangswert setzen muß, sondern mehrere. Dann ist es möglich, diese
Wertzuweisungen zusätzlich an der Stelle "Anfangswertsetzung" durchzuführen.
Man hat die Wertzuweisungen (ohne Semikolon) durch jeweils ein Komma zu trennen. Das gleiche ist zulässig, wenn man mehrere Inkrementierungen durchführen
will. Die Möglichkeit des sogenannten Komma-Operators wollen wir auf das obige
Beispiel II.1 anwenden (siehe Variante 1, Seite 92).

Die for-Schleife lautet jetzt:

```
for (n=1, s = 0;   n <= 100;   s = s+n, n = n+1)      ;
```

| Anfangswert-
setzung | Bedingung | Inkrementierung | Leeranweisung |

Aufgabe II.2 (siehe Seite 93)

Bitte schreiben Sie ein Programm, das das Polynom

$$y = \sum_{i=0}^{5} a_i \cdot x^i$$

mit $a_5 = 16, a_3 = -20, a_1 = 5$ und $a_4 = a_2 = a_0 = 0$

im Intervall [-1, 1] mit einer Schrittweite von 0,2 berechnet und in
Form einer Tabelle ausgibt. Verwenden Sie dabei die verschiedenen Anweisungen zur Steuerung von Schleifen.

Bei den verschiedenen Schleifenformen wird eine Laufvariable v oft um den Wert 1
erhöht oder erniedrigt. Hierzu sind dann Wertzuweisungen der Form

```
v = v+1;   oder   v = v-1;   (v: Laufvariable)
```

erforderlich.

38

In der Programmiersprache C kann man hierfür die Kurzschreibweise

    v++;   und ebenso   v--;

benutzen. Diese Schreibweise ist recht ungewohnt, weil sie nicht nur an Stellen
einer Inkrementierung angegeben werden darf, sondern an (fast) beliebiger Stelle.
So besagt z.B.

    a[n++]

daß der Zugriff auf die Komponente a[n] des Vektors a erfolgen und anschließend
die Variable n um 1 erhöht werden soll. Entsprechend wird bei

    a[n--]

nach dem Zugriff auf die Komponente a[n] die Variable n um 1 erniedrigt.
Als eine Variante kann man

    a[++n]   und ebenso   a[--n]

angeben. Dies besagt, daß die Variable n um 1 erhöht — bzw. erniedrigt — werden
soll und dann auf die Komponente a[n] des Vektors a zugegriffen wird.

In einem Programm will man häufig Werte auf einem Speicherplatz akkumulieren.
Hierzu gibt man in der Regel eine Wertzuweisung an, wie wir sie auch in dem
Beispiel II.1 benutzt haben:

    s = s+n;

Hierfür darf man in der Programmiersprache C auch angeben:

    s += n;

Die allgemeine Form der Akkumulation lautet:

    Variable += Ausdruck;

und stellt eine Kurzform dar für die Wertzuweisung:

    Variable = Variable + (Ausdruck);

Die Zeichenfolge += nennt man einen Zuweisungsoperator. Für die übrigen Grundrechenarten sind in analoger Weise Zuweisungsoperatoren eingeführt, so daß wir
folgende Tabelle angeben können:

Operator	Anweisung	Kurzform für
+=	v += a;	v = v+(a);
-=	v -= a;	v = v-(a);
*=	v *= a;	v = v*(a);
/=	v /= a;	v = v/(a);

Hierüber hinaus gibt es noch folgende Operatoren, deren Grundbedeutung wir zum Teil noch nicht erklärt haben:

Operator	Anweisung	Kurzform für	Bedeutung
%=	v %= a;	v = v % (a);	Modulus-Operator; n % m liefert n-[n/m]*m als Ergebnis, (n, m > 0).
&=	v &= a;	v = v & (a);	bitweises UND [3]
^=	v ^= a;	v = v ^ (a);	bitweises exklusives ODER
|=	v |= a;	v = v | (a);	bitweises ODER
>>=	v >>= a;	v = v >> (a);	Bitmuster von v (nur ganzzahliger Typ) wird um a Bitpositionen nach rechts geschiftet. (Vorzeichenbit wird unterschiedlich behandelt)
<<=	v <<= a;	v = v << (a);	Bitmuster von v (nur ganzzahliger Typ) wird um a Bitpositionen nach links geschiftet.

Mit diesen neuen Operatoren können wir die for-Schleife des Beispiels II.1 abändern in:

```
for (n = 1, s = 0;   n <= 100;   s += n++)       ;
```

| Anfangswert-
setzung | Bedingung | Inkremen-
tierung | Leeranweisung |

Aufgabe II.3 (siehe Seite 95)

Es sei folgender Programmausschnitt gegeben:

```
main()
{
  int n,a[10];
  for (n = 0, a[n] = 0; n < 9; a[++n] = a[n-1]+1) ;
  . . .
  for ( ; n > 0; a[n] = a[--n]) ;
  . . .
}
```

a) Welche Werte sind in dem Vektor a gespeichert?

b) Sind die "Seiteneffekte" in einem Ausdruck zu empfehlen?

---

[3]Die logischen UND- und ODER-Verknüpfungen (&& und ||) haben keinen Zuweisungsoperator.

5. Fallunterscheidung

Als letzte Anweisung zur Steuerung des Programmablaufs wollen wir die Fallunterscheidung beschreiben. Sie wird aus den Schlüsselwörtern `switch`, `case`, `default` und `break` gebildet. Die Anweisung hat die allgemeine Form:

```
switch (Ausdruck)
{
  case Wert₁ :   Anweisung₁; break;
  case Wert₂ :   Anweisung₂; break;
  ...
  case Wertₙ :   Anweisungₙ; break;
  default    :   Anweisungₙ₊₁;
}
```

Der angegebene Ausdruck muß ein Ergebnis mit dem Typ `int` liefern. Stimmt sein Wert mit einem der konstanten Werte $Wert_1$, ..., $Wert_n$, die ebenfalls vom Typ `int` (oder `char`) sein müssen, überein, dann wird die entsprechende Anweisung ausgeführt. Dabei ist es zulässig, daß mehrere `case`-Angaben aufeinanderfolgen, also zu derselben Anweisung führen.

Gibt es keinen Wert nach einem der Schlüsselwörter `case`, der mit dem berechneten Wert des Ausdrucks übereinstimmt, so wird die nach dem Schlüsselwort `default` angegebene $Anweisung_{n+1}$ ausgeführt. Fehlt in einem solchen Fall die `default`-Angabe, wird die Fallunterscheidung insgesamt übersprungen.

Die konstanten Werte $Wert_1$, ..., $Wert_n$ stellen in Verbindung mit dem Schlüsselwort `case` gewissermaßen Marken dar, die über den Schalter ("switch") während der Programmausführung angesprungen werden. Von dieser Einsprungstelle an würden alle nachfolgenden Anweisungen sequentiell abgearbeitet, wenn man dies nicht durch die zusätzliche Anweisung

```
break;
```

unterbinden würde. Das Schlüsselwort `break` bewirkt das Verzweigen an das Ende der durch `switch` eingeleiteten Anweisungsfolge. Die Anweisung `break;` darf übrigens auch in anderem Zusammenhang eingesetzt werden, z.B. bei der `while`-, der `do`- und der `for`-Schleife. Dort bewirkt sie ein Verlassen der kleinsten umfassenden Schleife, in der sie angegeben wurde.

Die Reihenfolge, in der die einzelnen `case`-Zweige angegeben werden, ist nicht vorgeschrieben. Ebenfalls braucht die `default`-Option mit der zugehörigen Anweisung nicht am Schluß der Anweisungsfolge angegeben zu werden (dann muß allerdings noch die Anweisung `break;` ergänzt werden).

Um das Programm für den menschlichen Leser übersichtlich zu halten, ist es zu empfehlen, die `default`-Option ans Ende zu setzen und die `case`-Zweige in einer sinnvollen Ordnung der vorgesehenen Konstanten zu gliedern.

Aufgabe II.4 (siehe Seite 97) [4]

Bitte berechnen Sie mit Hilfe des Gauß'schen Eliminationsverfahrens die
Lösung x_1, x_2, x_3 des Gleichungssystems:

$$
\begin{aligned}
0,2 \cdot x_1 + 0,2 \cdot x_2 + 1,0 \cdot x_3 &= 3 \\
1,0 \cdot x_1 + 0,5 \cdot x_2 + 0,3 \cdot x_3 &= 1 \\
0,2 \cdot x_1 + 2,0 \cdot x_2 + 0,4 \cdot x_3 &= 2
\end{aligned}
$$

Hinweis: Bei dem Gauß'schen Eliminationsverfahren überführt man das gegebene
Gleichungssystem

$$
\begin{aligned}
a_{11} \cdot x_1 + a_{12} \cdot x_2 + \ldots + a_{1n} \cdot x_n &= b_1 \\
&\ldots \\
a_{n1} \cdot x_1 + a_{n2} \cdot x_2 + \ldots + a_{nn} \cdot x_n &= b_n
\end{aligned}
$$

durch geeignete Linearkombinationen der Zeilen in die sogenannte Dreiecksform

$$
\begin{aligned}
a_{11} \cdot x_1 + a_{12} \cdot x_2 + \ldots + a_{1n} \cdot x_n &= b_1 \\
a_{22} \cdot x_2 + \ldots + a_{2n} \cdot x_n &= b_2 \\
&\ldots \\
a_{nn} \cdot x_n &= b_n
\end{aligned}
$$

Sind alle Elemente a_{jj} ungleich Null, so kann man — beginnend mit der letzten
Zeile — die Komponenten $x_n, x_{n-1}, \ldots, x_1$ des Lösungsvektors berechnen. Stellt
sich während der Matrixtransformationen heraus, daß ein Diagonalelement gleich
Null ist, kann man versuchen, durch Vertauschen der Zeilen zu erreichen, ein von
Null verschiedenes Element in die Diagonale zu bringen. Dies gelingt nur dann
nicht, wenn mit dem Diagonalelement auch alle Elemente unterhalb der Diagonalen
gleich Null sind. Dann ist das Gleichungssystem nicht lösbar.

Um die Rundungsfehler möglichst klein zu halten, nimmt man die Zeilenvertau-
schung immer dann vor, wenn ein Element unterhalb der Diagonalen betragsmäßig
größer ist als das Diagonalelement. Man nennt das Pivotisierung.

Bitte programmieren Sie das Verfahren von Gauß in einem (allgemein verwendba-
ren) Unterprogramm.

---

[4]Im Lösungsteil werden im Zusammenhang mit dem Programm weitere Elemente von C beschrieben, nämlich der "bedingte Ausdruck" und die Rückgabe von Werten über Parameter.

III Formatierung der Ausgabe; Standard-Eingabe; Zugriff auf Dateien

1. Formatierung der Ausgabe

Bei unseren bisherigen Programmen haben wir von einer Aufbereitung der Druckausgabe [1] abgesehen und uns die Werte in einer willkürlich vorgegebenen Weise ausdrucken lassen. Wir wollen jetzt beschreiben, wie wir die Ausgabe übersichtlicher gestalten können.

Für die Aufbereitung der Ausgabe steht uns das vorgegebene Unterprogramm printf zur Verfügung. Der Aufruf hat folgende allgemeine Form:

```
printf(Formatangabe, Variablenliste);
```

Die Formatangabe kann in einem Bereich gespeichert sein, auf den ein char-Zeiger verweist. Man kann an dieser Stelle dann den Namen des Zeigers angeben und so das Ausgabeformat während des Programmlaufs verändern. Andererseits kann man die Formatangabe durch eine Stringkonstante beschreiben, d.h., durch eine Zeichenfolge, die in Anführungszeichen eingeschlossen ist. Aus der Zeichenfolge geht hervor, wie viele Variable die nachfolgende Variablenliste umfaßt und in welcher Weise sie ausgegeben werden sollen. Die einzelnen Angaben (”Format-Codes”) werden jeweils mit einem Prozentzeichen (%) eingeleitet und enden mit einem besonderen Buchstaben (siehe unten angegebene Tabelle). Die restlichen Zeichen des Strings, die nicht als Format-Codes dienen, werden ohne Änderung in die Ausgabezeile übernommen.

Die Format-Codes haben den allgemeinen Aufbau: [2]

```
%w.zb
```

Dabei bedeuten

w Feldweite = Anzahl der Ausgabepositionen, die für die Zahl oder den Text vorgesehen werden sollen. Die Ausgabe erfolgt rechtsbündig in dem Feld, d.h., es werden links Leerzeichen eingefügt, wenn der auszugebende Wert nicht das gesamte Feld ausfüllt.

z Anzahl der Ziffern, die hinter dem Dezimalpunkt für eine Zahl, oder die Anzahl der Zeichen, die — links beginnend — von einem String ausgegeben werden sollen. Die Angaben für w und z sind durch einen Dezimalpunkt voneinander zu trennen.

b Buchstabe, der den Format-Code festlegt (s.u.).

---

[1] Die Standard-Ausgabe wird in der Regel auf den Drucker gelenkt oder beim interaktiven Arbeiten auf den Bildschirm des Terminals. Ohne Änderung im Programm kann man die Standard-Ausgabe in eine Datei umlenken, wenn man die Programmausführung in der Form

```
Programmaufruf > Dateiname
```

startet.

[2]   *a)* Die Angabe w.z innerhalb des Format-Codes kann entfallen, wie wir auf Seite 76 gesehen haben: Dann wird der jeweilige Variablenwert in einer vorgegebenen, aber maschinenabhängigen Form ausgegeben.

  b) Ist die Feldweite w zu klein gewählt worden, wird das Ausgabefeld automatisch erweitert. Dies kann bei der Dateibearbeitung zum späteren Zeitpunkt zu Konfusionen führen.

Die Feldweite w und die Anzahl der Ziffern z müssen als konstante Werte angegeben werden, Makros und Variable sind an dieser Stelle nicht erlaubt. Wenn man die Größen verändern will, muß man die Formatangabe der printf-Anweisung insgesamt als String-Variable angeben und die Änderungen über die String-Variable vornehmen.

Zusätzlich zu dem gerade Beschriebenen kann man unmittelbar nach dem Prozentzeichen eine Null angeben. Sie bewirkt, daß vor der Zahl in dem spezifizierten Feld der Ausgabe Nullen eingefügt werden.

Gibt man unmittelbar nach dem Prozentzeichen ein Minus-Zeichen ein, so wird die auszugebende Zahl oder der auszugebende Text nicht rechtsbündig in das Feld geschrieben, sondern linksbündig. Die restlichen Positionen des Ausgabefeldes werden mit Leerzeichen "beschrieben", es sei denn, man hat nach dem Minus-Zeichen eine Null angegeben: Dann wird der Rest mit Nullen gefüllt. Man beachte, daß dies zu Fehlern bei der Interpretation von Ausgabewerten führen kann (siehe Beispiel III.1, Seite 100).

Es sind folgende Format-Codes vorgesehen:

Format-Code	Ausgabe
s c	String-Variable oder -Konstante einzelnes Zeichen vom Typ (char).
d ld u o x	Ausgabe einer ganzen Zahl — Typ char, short oder int, long, unsigned Ausgabe in oktaler Form. Ausgabe in hexadezimaler Form.
e f g	Ausgabe einer float- oder double-Variablen — in Gleitkommadarstellung, in Festkommadarstellung, in der kürzeren Ausgabe nach e oder f.

Man muß unbedingt darauf achten, daß die Anzahl der Format-Codes, die in der Formatangabe der printf-Anweisung aufgeführt sind, genau mit der Anzahl der Variablen in der Variablenliste übereinstimmt.[3] Außerdem muß der jeweilige Format-Code zu dem Typ der zugehörigen Variablen passen. Weicht man hiervon ab, werden — ohne Fehlermeldung — falsche Werte ausgegeben.

---

[3] An Stelle einer Variablen darf man auch eine Konstante oder einen Ausdruck angeben. Man muß darauf achten, daß die Konstante bzw. der angegebene Ausdruck den im Format-Code festgelegten Typ besitzt.

Es gibt einige Zeichenfolgen, die nicht als Format-Codes anzusehen sind, aber dennoch nicht oder nicht in der angegebenen Form in den Ausgabetext übernommen werden. Es sind dies:

Zeichenfolge in Formatangabe	Wirkung
\n	In der Ausgabe wird eine neue Zeile begonnen (new line).
\t	Es wird ein Tabulatorsprung bewirkt (Tabulator ist voreingestellt).
\b	Die Ausgabeposition wird um 1 Zeichen zurückgesetzt (backspace).
\" \\ %%	Es wird das Anführungszeichen ("), der invertierte Schrägstrich (\), das Prozentzeichen(%) in den Ausgabetext übernommen.

Zu dem nachfolgenden Beispiel sind im Lösungsteil einige Variationen angegeben.

Beispiel III.1 (siehe Seite 100)

Es sei folgender Programmausschnitt gegeben:

```
main()
{
    float x,y;
    char *st;
    int m = 312;

    st = "ABC RST";
    x = 4.5; y = 1246;

    printf("M = %6d X = %7.3f Y = %10.2e %s\n", m,x,y,st);
    . . .
}
```

2. Standard-Eingabe

Die Eingabe-Anweisung **scanf** dient dazu, von der "Standard-Eingabe-Einheit"
Werte an Variable zu übermitteln. Beim interaktiven Arbeiten erfolgt die Standard-
Eingabe von der Tastatur des Terminals. Man kann jedoch auch auf eine früher
erstellte Datei als Standard-Datei zurückgreifen, indem man beim Aufruf des Programms den Namen der Datei nach dem "Kleiner-Zeichen" (<) angibt:

```
Programmaufruf < Dateiname
```

(Diese Form der Dateizuordnung ist abhängig von dem benutzten Betriebssystem.)

Im C-Programm hat die Eingabe-Anweisung die folgende allgemeine Form:

```
scanf(Formatangabe, Zeigerliste);
```

Die Formatangabe kann über eine Zeigervariable mit dem Typ **char** erreichbar sein,
oder sie kann direkt als String-Konstante angegeben werden. In jedem Fall sollte
die Zeichenfolge nur Format-Codes enthalten und keine zusätzlichen Informationen.

Die Format-Codes haben die allgemeine Form

```
%wb     oder nur    %b
```

wobei

    w die Feldweite und

    b der Buchstabe zur Festlegung der Format-Codes ist.

Bei der Ausgabe-Anweisung **printf** hatten wir die Namen der Variablen oder
Ausdrücke anzugeben, deren Inhalte bzw. ermittelten Werte ausgegeben wurden.
Bei der Eingabe-Anweisung **scanf** müssen wir auf jeden Fall Zeigervariable angeben.
Die Zeigervariablen müssen auf Speicherplätze verweisen, auf die die eingegebenen
Werte übertragen werden sollen. Wir haben deshalb vor die Namen von (einfachen)
Variablen den Zeiger-Operator & zu schreiben.

> Die gleiche Angabe ist erforderlich, wenn beim Aufruf eines Unterprogramms
> einem aktuellen Parameter im Unterprogramm ein Wert zugewiesen wird.
> Auch dann ist z.B. durch den Zeiger-Operator & dafür zu sorgen, daß der
> aktuelle Parameter eine Zeigervariable ist (siehe Seite 20).

Die Format-Codes in der Formatangabe müssen zu dem Typ der Variablen passen, auf die die zugehörige Zeigervariable verweist. Außerdem muß die Anzahl der
Format-Codes mit der Anzahl der Zeigervariablen übereinstimmen. Weicht man
hiervon ab, werden — ohne Fehlermeldung — falsche Werte übermittelt.

Darüberhinaus müssen die eingegebenen Werte Konstanten des entsprechenden
Typs sein. Weicht man hiervon ab, sind die Ergebnisse schwer vorhersehbar (z.B.
ein Buchstabe im Zahlenfeld führt nicht nur zu einem falschen Ergebnis, es kann
auch zu einer unendlichen Schleife kommen, siehe Seite 101).

Der Einlese-Vorgang startet bei der momentanen Position in der Eingabe und endet spätestens nach der durch die Feldweite w erreichten neuerlichen Position. Ist vor dieser Position ein Leerzeichen (oder ein Zeichen, das dem Leerzeichen gleichgestellt wird, wie z.B. neue Zeile, Wagenrücklauf, Tabulator o.ä.) eingegeben, so endet der Einlesevorgang bereits an dieser Stelle. Als Ausnahme von dieser Regel ist der Format-Code %c zu nennen, bei dem in jedem Fall das Zeichen übertragen wird, auf das die Eingabe gerade positioniert ist.

Im Prinzip sind dieselben Format-Codes für die Eingabe-Anweisung scanf zugelassen, wie sie für die Ausgabe-Anweisung printf (siehe Seite 44) beschrieben wurden. Es gibt aber eine Unterscheidung der Variablen in bezug auf ihre Typfestlegung short, int und long und ebenso für die Typfestlegung float und double, so daß diese Festlegung in der Formatangabe mitgeteilt werden muß. Deshalb variieren die Format-Codes für die Eingabe etwas. Wir wollen sie nochmals angeben.

Format-Code	Zeigervariable auf Speicher- platz mit Typ	Hinweise
s	char	Die Zeigervariable muß auf einen Bereich verweisen. Eingelesen wird eine Zeichenfolge ohne Leerzeichen.
c	char	Es wird ein einzelnes Zeichen eingelesen (einschließlich Leerzeichen, new line,..). Will man die Leerzeichen überlesen, kann man %1s als Format-Code angeben.
h d ld	short int long	Eingabe einer ganzen Zahl.
u o oder lo x oder lx	unsigned int oder long int oder long	Ganze, vorzeichenlose Zahl, ganze Zahl in oktaler, ganze Zahl in hexadezimaler Darstellung.
e oder f le oder lf	float double	Gleit- oder Festkommazahl.

Bei der Eingabe von Strings mit dem Format-Code s muß man beachten, daß der Einlesevorgang beendet wird, sobald in der Eingabe ein Leerzeichen (oder new line-Zeichen oder Tabulatorsprung o.ä.) auftritt. Es ist also nicht möglich, einen Text, der ein Leerzeichen enthält, mit dem Format-Code %s zu übertragen. Hier muß man den Text mit dem Format-Code %c zeichenweise in einen hinreichend großen Vektor vom Typ char einlesen. In der Eingabe-Anweisung scanf kann man die Komponenten des Vektors angeben oder eine Zeigervariable inkrementieren, die auf einen Vektor verweist. Nach dem Einlesen muß man anschließend noch das String-Ende-Zeichen ('\0') in dem Vektor abspeichern:

```
char v[nmax];                    char v[nmax],*p;
n = ...;                         n = ...;
                                 p = &v[0];
for (k = 0; k < n; k++)          for (k = 0; k < n; k++)
  scanf("%c", &v[k]);              scanf("%c", p+k);
v[n] = '\0';                     *(p+n) = '\0';
```

Die Konstante **nmax** muß groß genug gewählt werden, damit die vorgesehenen n
Zeichen in den Vektor v aufgenommen werden können und zusätzlich das String-
Ende-Zeichen.

Bei der Eingabe über die Terminaltastatur muß man wissen, wann das Programm
für den Lesevorgang bereit ist. In der Regel erfolgt von dem Betriebssystem keine
Mitteilung, daß das Programm eine Eingabe erwartet. Hier ist es zweckmäßig, unmittelbar vor der **scanf**-Anweisung die Ausgabe eines einzelnen Zeichens ("Prompt-
Zeichen", z.B. einen Doppelpunkt (:) oder ein Größer-Zeichen(>)) oder eines aus-
sagefähigen Textes zu veranlassen, damit der Bediener am Terminal einen Hinweis
erhält.

Bei der Eingabe kann es sein, daß ein Fehler auftritt oder das Ende der Eingabe (**end
of file**) [4] erreicht ist. Auf diese Besonderheiten muß man reagieren, wenn man
einen Programmabsturz verhindern will. — Man könnte den Status der Eingabe
über einen zusätzlichen Parameter mitteilen, dessen Wert man dann nach jeder
Eingabe analysieren muß. In der Programmiersprache C hat man einen anderen
Weg vorgesehen:

Das Unterprogramm **scanf** ist als Funktion vom Typ **int** vorgegeben. Auf seinem Funktionsnamen wird bei jedem Aufruf entweder die Anzahl der Variablen
zurückgegeben, denen ein Wert übermittelt wurde, oder der Wert der End-of-File-
Bedingung (häufig = -1), der durch den vorgegebenen Konstantennamen EOF abge-
fragt werden kann. Obwohl man u.U. nur wegen des Namens EOF die vorgegebene
Datei **stdio.h** durch die Compiler-Instruktion

```
#include <stdio.h>
```

in dem Programm hinzufügen muß, empfiehlt es sich, die Abfrage mit Hilfe der
Konstanten vorzunehmen und nicht den Wert −1 zu verwenden.

Für die Eingabe-Anweisung kann man damit die allgemeine Form

```
Status = scanf(Formatangabe, Zeigerliste);
```

angeben. Nach der Wertzuweisung kann über die Variable **Status** (deklariert mit
dem Typ **int**) abgeprüft werden, ob die Datenübertragung fehlerfrei ablief (siehe
auch die Lösungsalternativen zu der folgenden Aufgabe).

---

[4] Über die Tastatur erreicht man die Markierung "**end of file**" durch eine besondere ETX-Taste
oder durch gleichzeitiges Drücken der Tasten CNTL und Buchstabe D.

Aufgabe III.1 (siehe Seite 101)

Bitte schreiben Sie ein Programm, das aus einer vorher unbekannten
Zahl von einzugebenden Werten den Mittelwert berechnet und ausgibt.

3. Lesen aus einer Zeichenfolge

In der Programmiersprache C ist es nicht vorgesehen, eine Eingabe von dem Terminal mehrfach zu lesen und dabei mit veränderten Format-Codes neu zu interpretieren. Da man diese Möglichkeit manchmal einsetzen möchte, muß man in C
einen anderen Weg beschreiten: Man überträgt zunächst die Eingabe, die man unterschiedlich interpretieren will, zeichenweise mit dem Format-Code "%c" in einen
Vektor mit dem Typ char. Dabei darf man nicht vergessen, zum Schluß die String-
Ende-Kennzeichnung mit dem Zeichen '\0' anzufügen. Aus dem so angelegten Zwi-
schenpuffer kann man anschließend die mehrfachen Lesevorgänge mit dem vorgegebenen Unterprogramm **sscanf** starten. Der Aufruf hat folgende allgemeine Form:

```
Status = sscanf(Stringvariable, Formatangabe, Zeigerliste);
```

Mit der frei wählbaren Variablen **Status** mit dem Typ **int** kann man feststellen,
wie viele Variable aus der Zeigerliste einen Wert zugewiesen bekommen haben oder
ob das Ende der Zeichenfolge erreicht wurde (**Status == EOF**).

Ein dem Unterprogramm **printf** entsprechendes Unterprogramm zum "Schreiben"
in einen Stringbereich ist ebenfalls vorgesehen. Es hat den Namen **sprintf** und
besitzt als ersten Parameter den Namen der Stringvariablen, in die hinein die Werte
übertragen werden sollen:

```
sprintf(Stringvariable, Formatangabe, Variablenliste);
```

Die übrigen Parameter — Formatangabe und Variablenliste — haben denselben
Aufbau wie bei der Standardausgabe **printf** (siehe Seite 43).

4. Dateibearbeitung

In der Programmiersprache C kann man sich eine Datei als eine Folge von einzelnen
Zeichen vorstellen, die auf einem Datenträger abgelegt sind. Jedes einzelne Zeichen
in dieser Folge kann man — ähnlich den Komponenten eines Vektors — durch
die Angabe einer Zahl "adressieren" und einlesen oder ausgeben. Dabei sorgt das
Betriebssystem dafür, daß man sich um die Einzelheiten zur Abspeicherung bzw.
zur Datenrückgewinnung nicht zu kümmern braucht.

Es stehen eine Reihe von Unterprogrammen zur Verfügung, die den Zugriff auf
die Datei "geblockt" vornehmen. Dazu werden bis zu 512 oder auch 1024 Zeichen
zwischengepuffert und geschlossen auf den Datenträger übertragen oder in dieser

Blockung von ihm gelesen.[5] Als C-Programmierer brauchen wir uns um die Realisierung der Zwischenpufferung nicht zu kümmern: Dies geschieht automatisch, wenn wir die unten beschriebenen Unterprogramme benutzen.

> Es gibt eine andere Gruppe von Unterprogrammen zur Ein- und Ausgabe, die jeweils ein Zeichen der Datei betrachten. Für manche Anwendungen ist dies erforderlich, aber in aller Regel mühsam zu programmieren. — Wir wollen diese Gruppe von Unterprogrammen jetzt nicht beschreiben, sondern auf den Abschnitt V (Seite 71) verweisen.

Die erforderlichen Unterprogramme und Makros werden in einer Systemdatei mit dem Namen `stdio.h` bereitgestellt. Sie muß mit der Compiler-Instruktion

```
#include <stdio.h>
```

zu Beginn des Programms hinzugefügt werden.

Die nachfolgend angegebenen Spezifikationen für die Namen der vorgegebenen Unterprogramme sind nicht erforderlich, da sie schon in der Systemdatei `stdio.h` angegeben sind. Andererseits schadet eine erneute Spezifikation in unserem Programm nicht.

Bevor wir von unserem Programm aus auf eine Datei zugreifen können, muß sie mit dem Programm verknüpft werden. Hierzu dient das Unterprogramm `fopen`. Es hat den Typ "Zeiger auf eine Datei", und wir können es in unserem Programm zusätzlich mit

```
FILE *fopen();
```

spezifizieren. Dabei verbirgt sich hinter dem "Datentyp" `FILE` eine in der Systemdatei `stdio.h` festgelegte Struktur, die uns aber in ihren Einzelheiten nicht zu interessieren braucht. Wir können uns darunter einen Zeiger auf eine Datei vorstellen, den wir mit Hilfe des Schlüsselwortes `FILE` zu deklarieren haben. So wird durch

```
FILE *fp;
```

eine Zeigervariable fp vereinbart, mit der wir anschließend die Datei-Eröffnung in der Form

```
fp = fopen(externer Dateiname, Zugriffsmodus);
```

vornehmen können. Die Zeigervariable fp (von "file pointer") nennen wir auch "interner Dateiname", weil über diesen Namen die Datei mit dem Namen "externer Dateiname" in unserem Programm zugreifbar wird.

Ist zum Zeitpunkt der Programmentwicklung der externe Dateiname bereits bekannt, so kann der Name in der Form einer Stringkonstanten angegeben werden, d.h., er ist in Anführungszeichen als erster Parameter anzugeben. Will man die Datei dagegen erst zur Laufzeit des Programms festlegen, so gibt man an dieser Stelle den Namen eines Zeigers vom Typ `char` an und liest vor dem Aufruf des Unterprogramms `fopen` den Namen der zu öffnenden Datei von der Terminal-Tastatur in den Bereich ein, auf den der Zeiger verweist.

---

[5]Dies ist abhängig von dem benutzten Rechnertyp.

Ein anderer Weg, einen Dateinamen an das Programm zu übermitteln, ist durch das Unterprogramm **main** möglich, wenn man es mit Parametern versieht. Zulässig ist folgende Vereinbarung:

```
main(Anz,Vekt)     ◄──── Anz und Vekt: frei wählbare Namen
   int Anz;
   char *Vekt[];
{ ... }
```

Ruft man später das Programm zur Ausführung mit seinem Namen auf, so kann man dabei einen oder mehrere Strings angeben, wobei ein Leerzeichen zur Trennung der einzelnen Strings einzufügen ist. Es ist vorgegeben, daß in der ersten Komponente (`Vekt[0]`) der Name des Programms hinterlegt wird. In dem ersten Parameter (`Anz`) wird mitgeteilt, wie viele Strings — einschließlich des Programmnamens — an das Programm übergeben werden, die wir dann über die Komponenten des zweiten Parameters (`Vekt`) abrufen können. So können wir die Datei-Eröffnung mit den obigen Vereinbarungen in folgender Form vornehmen:

```
fp = fopen(Vekt[1], Zugriffsmodus);
```

Dabei müssen wir sicherstellen, daß mit dem Programmaufruf ein Dateiname angegeben wird.

Für den Zugriffsmodus als zweitem Parameter der **fopen**-Anweisung sind folgende Angaben vorgesehen, die natürlich auch durch eine String-Variable übergeben werden können:

Angabe	Bedeutung
"r"	Die Datei soll gelesen werden (read).
"w"	Die Datei soll neu geschrieben werden (write).
"a"	Die Datei soll verlängert werden (append).

Bei dem Zugriffsmodus "r" muß die Datei bereits existieren; bei "w" und "a" wird sie neu angelegt, falls sie noch nicht vorhanden ist. Eine bestehende Datei wird bei der Angabe "w" insgesamt überschrieben, während bei der Angabe "a" die neue Ausgabe am Schluß der Datei angefügt wird.

Tritt bei der Datei-Eröffnung irgendein Fehler auf (z.B. Datei nicht vorhanden, keine Zugriffsberechtigung, kein Platz auf der Platte o.ä.),so wird für **fopen** der Zeiger NULL zurückgegeben. Dieser Zeiger ist ebenfalls in der Systemdatei **stdio.h** vordefiniert. Man sollte nach dem Aufruf von **fopen** abprüfen, ob der interne Dateiname **fp** mit NULL identisch ist und das Programm notfalls mit einer Fehlermeldung beenden.

Nachdem die Datei durch die **fopen**-Anweisung mit dem Programm verknüpft ist, kann man — je nach Festlegung des Zugriffsmodus lesend oder schreibend — über den internen Dateinamen auf die Datei zugreifen. Hierzu dienen die Unterprogramm-Aufrufe in der Form

```
n = fscanf(interner Dateiname, Formatangabe, Zeigerliste);
```

und

```
fprintf(interner Dateiname, Formatangabe, Variablenliste);
```

Wie man sieht, sind die Aufrufe ganz ähnlich zu den früher beschriebenen Ein- und Ausgabeanweisungen `scanf` und `printf` (siehe Seite 46 und 43). Zusätzlich ist jetzt als erster Parameter der interne Dateiname anzugeben.

Sobald alle Dateioperationen (Lesen oder Schreiben) beendet sind, sollte man die Datei schließen. Hierzu dient der Unterprogramm-Aufruf

```
fclose(interner Dateiname);
```

Mit dem Aufruf wird (bei der Ausgabe) der zugehörige Puffer geleert und die Datei freigegeben. Treten im weiteren Programmablauf irgendwelche Fehler auf, die zum Programmabsturz führen, so haben sie keinen Einfluß mehr auf die Datei. Vergißt man andererseits, die Datei zu schließen, so wird dies automatisch mit dem Beenden des Programms vorgenommen.

Aufgabe III.2 (siehe Seite 103)

> Bitte schreiben Sie ein Programm, das für ein Sachwortverzeichnis eine Folge von Wörtern mit der zugehörigen Seitenzahl in sortierter Form in eine Datei schreibt.
> (Der Datenumfang sei so gering, daß die Sachwörter für den Sortiervorgang noch vollständig im Arbeitsspeicher gehalten werden können.)

5. Direkter Dateizugriff

In dem vorausgehenden Abschnitt haben wir den sequentiellen Zugriff auf die Daten einer Datei beschrieben. Dabei wurde ein Wert nach dem anderen ausgegeben oder ein Wert nach dem anderen eingelesen. Ein Überspringen oder Zurücksetzen auf frühere Werte ist bei dem sequentiellen Zugriff nicht möglich.

Bei dem direkten Zugriff möchte man — unabhängig von vorausgehenden Ein- und Ausgabeanweisungen — an einer beliebigen Stelle innerhalb der Datei mit der Datenübertragung beginnen können. Eine weitere Forderung ist, daß man auf die Datei sowohl lesend als auch schreibend zugreifen möchte. Über die Gegebenheiten in der Programmiersprache C ist folgendes zu sagen:

Es gibt keine besondere Dateiform für den direkten Zugriff. Jede Datei, die auf einer Magnetplatte angelegt wird, kann mit den nachfolgend beschriebenen Anweisungen auf eine beliebige Stelle ("Byte-Adresse", beginnend bei Null) positioniert werden. Damit ist die erste Forderung für den direkten Zugriff erfüllt.

Wie wir auf Seite 51 beschrieben haben, kennt man in der Programmiersprache C nur 3 unterschiedliche Angaben für den Zugriffsmodus, die in der Anweisung zur Datei-Eröffnung vorgesehen sind:

```
"r"   Lesen,
"w"   Schreiben und
"a"   Verlängern.
```

Ein wechselweises Schreiben und Lesen einer Datei ist hiermit nicht erlaubt. Eine Reihe von C-Compilern bieten als Erweiterung für den direkten Zugriff folgende Angaben für den Zugriffsmodus an:

"u"   Die bestehende Datei darf modifiziert werden (update),

"a+" ⎫ zusätzlich zu dem früher Beschriebenen (Seite 51)
"r+" ⎬ darf wechselweise schreibend und lesend auf die
"w+" ⎭ Datei zugegriffen werden.

Ohne diese oder ähnliche Erweiterungen darf man nur lesend oder nur schreibend auf eine Datei zugreifen.[6] Die Positionierung des Dateizeigers durch die nachfolgenden Unterprogramme ist hiervon unberührt.

Durch das Unterprogramm ftell kann man sich mitteilen lassen, welchen Wert der Positionszeiger einer Datei gerade besitzt. Die Form des Aufrufs lautet:

```
Pos = ftell(interner Dateiname);
```

Dabei wird die Byte-Adresse, gerechnet vom Startpunkt der Datei (= 0), mitgeteilt. Bei der Berechnung der Byte-Adresse werden alle Zeichen mitgezählt, die in der Datei abgelegt werden, auch solche, die als Steuerzeichen (z.B. '\n' für neue Zeile) benötigt werden und bei einer Druckausgabe nicht unmittelbar erkennbar sind.

Da der Positionszeiger sehr hohe Werte annehmen kann, ist für das Unterprogramm ftell der Typ long festgelegt. Bei manchen C-Compilern ist die Spezifizierung

```
long ftell();
```

erforderlich, bei anderen nicht. Da eine überflüssige Spezifizierung nicht schädlich ist, kann man sie aus Kompatibilitätsgründen empfehlen.

Mit Hilfe des Unterprogramms fseek kann man den Wert des Positionszeigers einer Datei verändern. Es ist folgender Aufruf vorgesehen:

```
n = fseek(interner Dateiname, Positionsangabe, Start);
```

Für die Größe Start mit dem Typ int kann man die Werte 0, 1 oder 2 angeben. Sie steuern, ob die Berechnung der neuen Position vom

Beginn der Datei: 0
alten Wert des Positionszeigers: 1
Ende der Datei: 2

an vorgenommen werden soll. Dementsprechend kann der Wert der Positionsangabe positiv oder negativ sein.

Die Positionsangabe muß in jedem Fall den Typ long besitzen. Hat man keine Variable mit diesem Typ vorgesehen, muß man durch einen Cast (siehe Seite 9) eine Typumwandlung des zweiten Parameters in long erzwingen:

---

[6]Neben den hier beschriebenen Datei-Zeigern gibt es Datei-Nummern. Bei den zugehörigen open-Anweisungen ist ein update-Modus für Datei-Nummern zugelassen (siehe Abschnitt V, Seite 69).

```
n = fseek(..., (long) Positionsangabe, ...);
```

Ist die Positionierung in der Datei fehlerfrei durchgeführt worden, wird der Wert 0 zurückübermittelt, sonst der Wert −1. Auf Grund der oben angedeuteten Zuweisung kann man die Werte von der Variablen n abfragen.

Will man eine Datei an ihren Anfang positionieren, kann man entweder die Anweisung

```
n = fseek(interner Dateiname, (long) 0, 0);
```

angeben oder das Unterprogramm rewind in der Form

```
n = rewind(interner Dateiname);
```

aufrufen.

Will man in einer Datei auf einen früher ausgegebenen Wert positionieren, so ist die Berechnung der gesuchten Adresse nicht so einfach wie eine Adressierung auf Satzebene, wie sie in anderen Programmiersprachen möglich ist (z.B. Fortran 77 oder Simula): Jedes zusätzlich ausgegebene Zeichen kann die gesamte Adressverwaltung durcheinanderbringen.

Neben den hier beschriebenen Unterprogrammen zur Ein- und Ausgabe sowie den Unterprogrammen zur Verwaltung der Dateien gibt es eine große Zahl weiterer Unterprogramme, die in der Regel in der Systemdatei stdio.h enthalten sind. Sie sind in ihrer Art und Leistung sehr unterschiedlich (z.B. Übertragung eines einzelnen Zeichens, eines Wortes, einer Zeichenfolge oder eines Puffers). Es würde zu weit führen, die Unterprogramme hier im einzelnen zu behandeln, wobei hinzukommt, daß sie nicht von allen Herstellern in gleicher Form zur Verfügung gestellt werden. — Ein Überblick über die verschiedenen Unterprogramme wird in Abschnitt V gegeben.

IV Strukturen

1. Vereinbarung von Strukturen

Wir haben gesehen, daß man Variable desselben Typs zu größeren Einheiten vereinigen kann. Dies sind die im Abschnitt I.4 beschriebenen Felder, wobei man sich — wegen des umständlichen Aufrufs der Matrixelemente — auf Vektoren beschränken wird. Über diese Möglichkeit hinaus kann man Variable unterschiedlichen Typs zu einer neuen Einheit verknüpfen. Diese "Verbunde" werden als Strukturen angegeben, wobei die Beschreibung der Struktur die folgende allgemeine Form hat:[1]

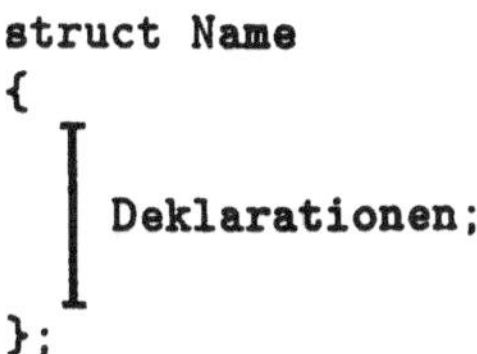

```
struct Name
{
    Deklarationen;
};
```

Durch die allgemeine Form wird die Struktur vereinbart, d.h., es wird festgelegt, welche Variablen und Felder zu der Struktur gehören sollen (oben angedeutet durch "Deklarationen"). Dabei wird ihr gleichzeitig ein Name gegeben (oben durch "Name" angedeutet). Es wird aber noch keine Variable angelegt, die diese Struktur besitzt. Dies geschieht erst durch eine nachfolgende Deklaration der Form

```
struct Name Variablenliste;
```

Mit dieser Deklaration werden für die Variablen der Variablenliste die Speicherbereiche reserviert. Die einzelnen Speicherbereiche sind so aufgebaut, wie es in der Beschreibung der Struktur vorgesehen ist, d.h. es werden die innerhalb der Struktur "Name" angegebenen Deklarationen durchgeführt und die dort angegebenen Variablen angelegt.

Die Größe der einzelnen Speicherbereiche ergibt sich aus den Längen der innerhalb der Struktur vereinbarten Variablen. Da bei manchen Rechnern die Speicherplätze für bestimmte Variablentypen nur auf festgelegten Grenzen beginnen dürfen, z.B.

Typ	`int`	Halbwortgrenze,
	`long oder float`	Wortgrenze,
	`double`	Doppelwortgrenze,

---

[1]Im Zusammenhang mit Blöcken (siehe Seite 8) haben wir angedeutet, daß die "geschweifte Klammer zu" (}) auch gleichzeitig der Abschluß einer Anweisung ist, in einigen Fällen deshalb kein zusätzliches Semikolon angegeben werden darf (z.B. bei einer bedingten Anweisung). Bei der Vereinbarung von Strukturen (oder Überlagerungseinheiten) sollte man ein Semikolon nach der "geschweiften Klammer zu" angeben, weil es in einigen Fällen erforderlich ist.

kann der tatsächlich benötigte Bereich größer sein als die Summe der durch die
Variablendeklarationen erforderlichen Speicherplätze. Dieser Effekt muß bei der
Verwaltung von Zeigern auf Strukturen berücksichtigt werden (siehe Seite 58).

Beispiel IV.1 (siehe Seite 105)

Wir wollen mehrere Merkmale eines Schiffes zu einer Einheit verknüpfen.
Als Merkmale kann man sich neben vielen anderen vorstellen:

Schiffsname:	Typ *char ("String"),
Länge, Breite, Tiefgang:	Typ float,
Baujahr:	Typ int.

Für diese Merkmale können wir eine Struktur wie folgt angeben:

```
struct schiff
{
  char *name;
  float l,b,t;
  int bauj;
};
struct schiff neu,s[5];
. . .
```

Mit der obigen Strukturbeschreibung und der nachfolgenden Deklarationsanweisung
werden folgende Speicherbereiche angelegt, wobei die Strukturbeschreibung mit der
Variablendeklaration über den Namen schiff verbunden ist:

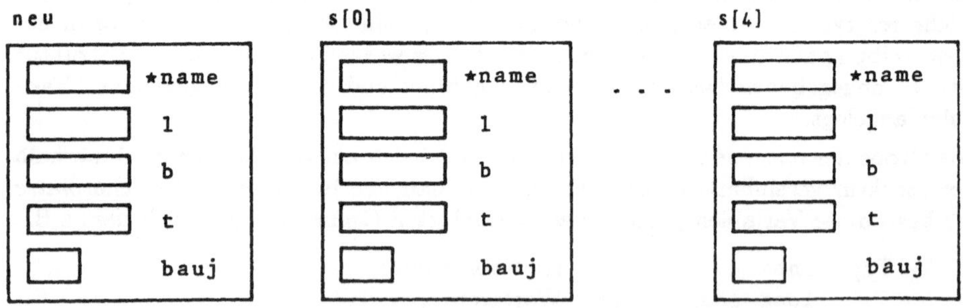

Wie man sieht, gibt es in jedem der Speicherbereiche, die durch neu, s[0], ...,
s[4] angesprochen werden, die Variablen *name, l, b, t und bauj. — Die Frage
ist, wie man auf die Variablen in den einzelnen Speicherbereichen zugreifen kann.

2. Zugriff auf Strukturbereiche

Als erstes hat man den gewünschten Speicherbereich zu adressieren; dies geschieht durch die Angabe des entsprechenden Variablennamens für die Struktur (in dem Beispiel IV.1: `neu, s[0], ..., s[4]`). Nach dem Variablennamen gibt man — durch einen Dezimalpunkt getrennt — den Namen an, wie er innerhalb der Struktur für eine Variable festgelegt wurde (im obigen Beispiel: `*name, l, b, t, bauj`). So ist z.B.

    `neu.b`   die Variable `b`   im Bereich von   `neu`

und

    `s[0].b`   die gleiche Variable im Bereich von   `s[0]`

Den Variablen innerhalb der Strukturen kann man, wie bisher beschrieben, Werte zuweisen und zum späteren Zeitpunkt diese Werte wieder abrufen (siehe Seite 106). Darüber hinaus kann man bei neueren C-Compilern eine Zuweisung eines gesamten Strukturbereichs an einen anderen Strukturbereich vornehmen. Dann erfolgt für alle korrespondierenden Variablen der beteiligten Strukturen automatisch eine Wertzuweisung.

So wird für die Strukturbereiche des Beispiels IV.1 durch

    `neu = s[1];`

den Variablen

    `name, l, b, t` und `bauj`   des Strukturbereichs   `neu`

der jeweilige Wert der entsprechenden Variablen aus dem Strukturbereich `s[1]` zugewiesen.

Die Zuweisung eines Strukturbereichs an einen anderen Bereich ist nicht mit der Zuweisung eines Strukturbereichs an eine Zeigervariable zu verwechseln:

> **Eine Zuweisung der letzteren Art führt dazu, daß die Zeigervariable auf denselben Speicherbereich verweist wie die Strukturvariable. Bei der ersteren Zuweisung bleiben beide, voneinander unabhängigen Speicherbereiche erhalten, und es werden lediglich die Variablenwerte an die korrespondierenden Variablen übergeben.**

Eine Zeigervariable auf einen Strukturbereich kann man in ganz ähnlicher Weise vereinbaren, wie es früher beschrieben wurde (siehe Seite 17): Man hat vor dem Variablennamen das Zeichen * anzugeben. In dem obigen Beispiel könnte man schreiben:

    `struct schiff *p;`

Nach der Deklaration muß man durch eine Adress-Zuweisung dafür sorgen, daß die Zeigervariable p auf einen entsprechenden Speicherbereich verweist. In dem Beispiel wären die folgenden Zuweisungen erlaubt:

        p = &neu; p = s; p = &s [0] ; usw.

Bei der Deklaration einer Zeigervariablen wird festgelegt, auf welche Struktur sie
verweisen soll. Damit ist es möglich, z.B. bei Feldern, deren Komponenten Struk-
turbereiche sind, von einer Komponente zur nächsten überzugehen und hierbei die
Inkrementierungs- bzw. Dekrementierungsoperatoren ++ bzw. −− zu verwenden.
So wird z.B. nach der Anfangswertsetzung: p = s; oder p = &s [0] ; durch die
Anweisung

        p++;

der Zeiger p auf die zweite Komponente s [1] weitergesetzt.

Will man sich bei der Verwaltung eines Zeigers nicht auf den Inkrementierungsoperator stützen, so muß man die Größe des Bereichs kennen, der für die zugehörige
Struktur reserviert wurde. Wie wir gesehen haben (siehe Seite 55), reicht es nicht,
die Längen der Variablen zu addieren, die in der Struktur vereinbart sind. Stattdessen kann man sich des Operators

        sizeof

bedienen. Er stellt die tatsächliche Größe (gemessen in Bytes) einer Struktur, einer
Variablen oder eines Bereichs bereit.

Der Operator kann auch in der Form

        sizeof(v)   v: Variable, Typ oder Name einer Struktur, s.u.

benutzt werden. Er besitzt also dasselbe Erscheinungsbild wie der Aufruf eines
Unterprogramms. Aber es handelt sich nicht um ein Unterprogramm, weil sein
Wert bereits zur Übersetzungszeit bekannt ist. Die Angabe sizeof(v) kann wie
eine Konstante eingesetzt werden. Mit den Vereinbarungen des Beispiels IV.1 sind
folgende Verwendungen des Operators sizeof zulässig:

Es liefern

        sizeof(neu)   und ebenso   sizeof(struct schiff)

die Größe des Strukturbereichs schiff, und

        sizeof(s)

liefert die Größe des gesamten Bereichs für den Vektor s in Bytes.

Ferner sind beispielsweise zulässig:

        sizeof(double)   (liefert den Wert 8)
        sizeof(float)   (liefert den Wert 4)

In der Lösungsvariante 3 zu Beispiel IV.1 wird der sizeof-Operator benutzt, um
eine dynamische Speicher-Allokierung (d.h. während der Programmausführung) zu
ermöglichen (siehe Seite 108).

Im Zusammenhang mit Beispiel IV.1 haben wir beschrieben, wie man mit Hilfe der
Punktnotation auf die Variablen innerhalb einer Struktur zugreifen kann. Es liegt

58

nahe, dieselbe Notation bei Zeigern auf Strukturbereiche zu benutzen. So erwartet
man unvoreingenommen, daß nach der Zuweisung p = &neu; die Variable b in dem
Bereich von neu durch

```
*p.b
```

angesprochen werden kann. Leider ist dies falsch, weil der Punktoperator (.) eine
höhere Priorität besitzt als der Operator für den indirekten Zugriff (*). Aus diesem
Grunde ist man gezwungen, Klammern für die Auswertungsreihenfolge anzugeben:
So liefert dann

```
(*p).b
```

den gewünschten Zugriff auf die Variable b aus dem Bereich, auf den der Zeiger p
verweist.

In der Praxis erweisen sich die vielen Klammern als lästig und unübersichtlich. Es
ist deshalb eine zusätzliche Notation für Zeiger auf Strukturbereiche vorgesehen:

Statt (*p).b kann man gleichwertig schreiben: p -> b

Der Pfeil (->) ist dabei durch ein Minuszeichen, gefolgt von dem Größerzeichen,
anzugeben. Dieser sogenannte "Struktur-Zeiger-Operator" ist nicht sehr geschickt
gewählt, weil man den Ausdruck

```
p -> b
```

leicht mit "p zeigt auf b" interpretiert, was aber nach der Festlegung des Operators
falsch ist.

Das Beispiel IV.1 wollen wir nochmals aufgreifen und um einige zusätzliche Aspekte
erweitern.

Beispiel IV.2 (siehe Seite 110)

> Man kann sich vorstellen, daß ein Schiff ein Rettungsboot besitzt. Auch
> für dieses Boot möchte man seinen Namen, seine Abmessungen sowie
> sein Baujahr abspeichern. Die zusätzlichen Informationen sollen mit
> den bereits vorhandenen Angaben für das Schiff verknüpft werden.

Es ist am einfachsten, die bereits beschriebene Struktur um eine Zeigervariable zu
erweitern, die auf die Informationen für das Rettungsboot verweist:[2]

```
struct schiff
{
  char *name;
  float l,b,t;
  int bauj;
  struct schiff *rett;
};
struct schiff neu,rb;
      . . .
```

---

[2] Es ist unbedingt darauf zu achten, daß die Variable rett innerhalb der Strukturbeschreibung nur
als Zeigervariable vereinbart wird.

Wenn wir in dem Strukturbereich von

    neu   die Angaben für das Schiff und in
    rb   die Angaben für das Rettungsboot

speichern, dann können wir eine Verknüpfung beider Bereiche durch

    `neu.rett = &rb;`

vornehmen. Wir haben dann folgende Situation:

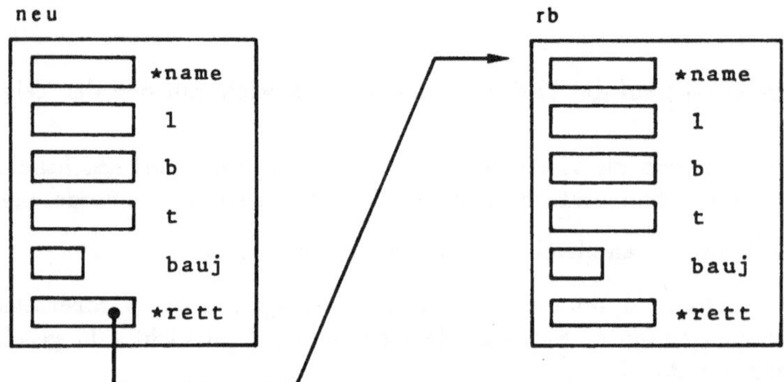

Auf die Informationen des Rettungsbootes **rb** kann man zusätzlich mit

    `(*neu.rett)`   und   `(neu.*rett)`

oder in Verbindung mit dem Struktur-Zeiger-Operator auch über

    `neu.rett`

zugreifen. Nicht zulässig sind die Formen

    `*neu.rett`   und   `neu.(*rett)`

sie führen zum Abbruch des Programms.
So greifen die Ausdrücke

    `(*neu.rett).b`   und   `(neu.*rett).b`

und ebenso

    `neu.rett -> b`   und   `(neu.rett) -> b`

auf die Breite des Rettungsbootes **rb** zu.
Offensichtlich ist die Zeigervariable *rett in dem Bereich von **rb** überflüssig — es sei denn, man beabsichtigt eine weitere Verkettung mit einem Rettungsboot zum Rettungsboot —. Stattdessen könnte man an dieser Stelle die Anzahl der für das Rettungsboot zulässigen Personen speichern. Unsere Absicht, den Speicherbereich einer Struktur oder einen Teilbereich davon unterschiedlich zu interpretieren, können wir mit Hilfe des Sprachelements union verwirklichen.

3. Überlagerungseinheit (union)

Auf den ersten Blick erscheint das Schlüsselwort union mißverständlich für die Beschreibung eines Speicherbereichs, in dem sich zwei oder mehrere Variable gegenseitig überlagern, da man bei dem Begriff "union" an "Vereinigung", "Verbindung" oder "Verbund" denkt, also erwartet, daß mehrere Variablen zu einer neuen Einheit verknüpft werden. Nach längerem Betrachten kann man den erwarteten Aspekt in dem Sprachelement union wiederfinden:

> In der Programmiersprache C wird eine union tatsächlich als "Verbund" oder "Struktur" angesehen und deshalb auch genauso aufgebaut. Über einen Verbund des Typs struct ... hinaus (wie er oben beschrieben wurde) besitzt eine union die Eigenschaft, daß alle ihre Variablen auf derselben Startadresse beginnen. Damit ergibt sich als Konsequenz, daß sie sich gegenseitig überlagern (wir wollen deshalb den Begriff union mit "Überlagerungseinheit" übersetzen).

Wie bei den früher beschriebenen Strukturen können wir bei der Deklaration von Überlagerungseinheiten zwei Stufen unterscheiden. Als erste Stufe ist ihr Aufbau zu beschreiben. Dies geschieht in der allgemeinen Form:[3]

```
union Name
{

    Deklaration der Variablen, die alle auf derselben
    Startadresse beginnen sollen.
    (Damit überlagern sie sich gegenseitig.)

};
```

Als Variable sind sowohl einfache Variable als auch Felder und Strukturen zugelassen. Sind die Variablen unterschiedlich lang, wird für die Länge der Überlagerungseinheit die Länge der größten ihrer Variablen vorgesehen.

Als eine zweite Stufe kann man — gemäß der Beschreibung — Variable anlegen lassen, die den Aufbau der Überlagerungseinheit besitzen. Die Deklaration hat die allgemeine Form:

```
union Name Variablenliste;
```

---

[3]Mit dem ersten Schritt wird nur der "Bauplan" für die Überlagerungseinheit festgelegt, aber noch kein Bereich im Arbeitsspeicher angelegt, der nach diesem Bauplan strukturiert ist.

Erst jetzt werden für die Variablen der Variablenliste Speicherbereiche reserviert,
die durch die Variablen innerhalb der Überlagerungseinheit unterschiedlich interpre-
tierbar sind. Der Zugriffsmechanismus ist dabei derselbe wie er schon im Zusammenhang mit dem Typ `struct` ... beschrieben wurde: Über den Variablennamen
wird mit dem Punktoperator — oder mit dem Struktur-Zeiger-Operator, falls die
Variable als Zeigervariable vereinbart wurde — auf die Variablen zugegriffen, wie sie
innerhalb der Überlagerungseinheit bekannt sind. — Es liegt vollständig in der Verantwortung des Programmierers, aus den sich gegenseitig überlagernden Variablen
die richtige Variable abzurufen.

Diese allgemeinen Erläuterungen wollen wir jetzt für das Beispiel IV.2 (siehe Seite
111) nutzbar machen:

Es sollen sich die Variablen

   ***rett** | (Typ **struct schiff**, Zeiger auf das Rettungsboot **rb**)

und

   anz | (Typ **int**, Anzahl der Personen, die das Rettungsboot aufnimmt)

gegenseitig überlagern. Damit können wir folgende Überlagerungseinheit beschreiben:

```
    union alternat
    {
      struct schiff *rett;
      int anz;
    };
```

In der Strukturbeschreibung für **schiff** können wir hiernach angeben:

```
    struct schiff
    {
      char *name;
      float l,b,t;
      int bauj;
      union alternat boot;          <──── { Hier wird nach dem Bauplan der
    };                                       union alternat die Variable boot
                                             angelegt.
```

Die Deklaration kann dann anschließend lauten:

```
    struct schiff neu,rb;
```

Will man die Variable **neu** mit dem Rettungsboot **rb** verknüpfen, so muß die Anweisung jetzt lauten:

```
    neu.boot.rett = &rb;
```

Im Vergleich zu der Verknüpfungsanweisung von Seite 60 ist die Angabe der Variablen boot mit dem Typ

    union alternat

hinzugekommen. Durch die Beschreibung der Überlagerungseinheit alternat ist festgelegt, daß es in der Variablen boot entweder die Variable

    *rett

oder die Variable

    anz

gibt. Es liegt in der Verantwortung des Programmierers, den richtigen Variablennamen der Überlagerungseinheit anzugeben.

Will man die Anzahl der im Rettungsboot rb zugelassenen Personen mit z.B. 7 angeben, so sind folgende Anweisungen neben

    rb.boot.anz = 7;

zulässig:

    (*neu.boot.rett).boot.anz = 7;
    (neu.boot.*rett).boot.anz = 7;

oder

    (neu.boot.rett) − > boot.anz = 7;

oder

    neu.boot.rett − > boot.anz = 7;

Wie man an diesem einfachen Beispiel sehen kann, ist die Notation bei Verwendung von Überlagerungseinheiten recht umständlich. Man wird deshalb eine Überlagerungseinheit nur dort einsetzen, wo es unumgänglich ist. Ein weiterer Grund, der gegen eine häufige Verwendung spricht, ist folgender: Wie oben bereits angedeutet, muß man zusätzlich verwalten, unter welcher Variante einer Überlagerungseinheit man einen Wert abgespeichert hat, da man nur unter dieser Variante den Wert fehlerfrei zurückgewinnen kann. In der Regel wird man deshalb eine zusätzliche Variable zur Verwaltung in die Struktur aufnehmen müssen.

In dem Lösungsteil (siehe Seite 111) sind verschiedene Programmalternativen diskutiert, die zur weiteren Vertiefung des dargestellten Stoffes beitragen können.

Aufgabe IV.1 (siehe Seite 114)

> In dem unten angegebenen Programm soll die Initialisierung mit den Schiffsdaten in einem Unterprogramm vorgenommen werden. Welche Ergebnisse liefert das Programm?

```c
struct schiff
{
  char *name;
  float l,b,t;
  int bauj;
};

struct schiff *init(name,l,b,t,bauj)
  char *name;
  float l,b,t;
  int bauj;
{
  struct schiff s;
  s.name = name;
  s.l    = l;
  s.b    = b;
  s.t    = t;
  s.bauj = bauj;
  return(&s);
}

ausgabe(f)
  struct schiff *f;
{
  printf("Name: %s\nLaenge: %6.2f\nBreite: %5.2f\n",
         (*f).name, (*f).l, (*f).b);
  printf("Tiefgang:%6.2f\nBaujahr: %d\n",
         (*f).t, (*f).bauj);
}

main()
{
  struct schiff *neu;

  neu = init("H. H. MEIER", 23.20, 5.30, 1.40, 1959);
  ausgabe(neu);
}
```

4. Bitfolgen

Häufig benutzt man eine Variable nur in der Weise, daß eine Ja-Nein-Entscheidung
hinterlegt wird (Beispiel: "Berechnung von Werten war erfolgreich"). In solchen

Fällen ist es nicht erforderlich, Variablen vom Typ `char`, `short` oder `int` zu vereinbaren. Vielmehr kann man Platz im Arbeitsspeicher einsparen — sinnvoll bei größeren Problemen —, wenn man die Möglichkeit hat, einzelne Bit oder auch Bitfolgen ("Bitleisten") eines Speicherplatzes anzusprechen.

In der Programmiersprache C hat man die Möglichkeit, einzelne Bit und auch Bitfolgen mit Hilfe von Strukturen anzusprechen. Die Deklaration einer Struktur mit Variablen, die auf einzelne Bit zugreifen, hat folgenden allgemeinen Aufbau: [4]

```
struct
{
  unsigned bv₁ :   a₁;
  unsigned bv₂ :   a₂;
    . . .
  unsigned bvₙ :   aₙ;
} v ;
```

Dabei bedeuten

bv_j : Bitvariable,

a_j : Anzahl der Bit für die Bitvariable bv_j,

v : Strukturvariable, in deren Bereich die Bitvariablen angelegt sind.

Die Bitvariablen können später in der für Strukturen vorgesehenen Weise angesprochen werden, wie z.B.:

$$v.bv_1,\ v.bv_2\ ,\ldots,\ v.bv_n$$

Die Bitvariablen kann man in gleicher Weise wie Variablen des Typs `unsigned` in arithmetischen Ausdrücken verwenden, und man darf ihnen auch Werte zuweisen. Allerdings muß man sicherstellen, daß die zugewiesenen Werte mit der festgelegten Anzahl von Bit verschlüsselt werden können.

Obwohl die Bitvariablen in gleicher Weise wie Variable des Typs `unsigned` angesprochen werden können, gibt es eine Reihe von Einschränkungen:

- Man kann für sie keine Zeigervariable vorsehen. Ebensowenig kann man auf eine Bitvariable den Adress-Operator & anwenden.

- Man kann für Bitvariable keinen Vektor — oder allgemeiner: kein Feld — vereinbaren.

Man sollte darauf achten, daß keine der Bitvariablen über die Grenze eines Speicherplatzes (entweder 16 Bit oder 32 Bit) hinausreicht, da es an dieser Nahtstelle zu Fehlern kommen kann.

---

[4]Man kann die Struktur auch in 2 Schritten vereinbaren, wenn man sie an verschiedenen Stellen im Programm benötigt, z.B. als Parameter eines Unterprogramms (siehe Seite 107). Außerdem darf man die Vereinbarung von Bitvariablen mit der Vereinbarung von anderen Variablen zusammenfassen.

V Vorgegebene Unterprogramme und Makros

In der Programmiersprache C sind die Sprachelemente wie Datentypen und Operationen festgelegt worden, nicht jedoch die Unterprogramme, die für bestimmte Aufgaben in gewissen Systemdateien bereitgestellt werden. Es kann deshalb sein, daß bei einzelnen Herstellern Abweichungen bei den unten angegebenen Unterprogrammen vorliegen. Als Beispiel sei hierzu die Funktion **abs** genannt:

Einige Hersteller definieren sie als

a) **int**-Funktion mit einem **int**-Parameter.

Andere stellen stattdessen das Makro

b) `#define abs(x) ( (x) >= 0 ? (x) : -(x) )`

zur Verfügung. Damit ergeben sich folgende Unterschiede:

- Ruft man im Fall a) die Funktion mit einem Parameter vom Typ **float** oder **double** auf, erhält man einen falschen Funktionswert — ohne Fehlermeldung —.
- Ruft man im Fall b) das Makro mit einem Parameter auf, der eine Nebenwirkung besitzt (z.B. **abs(n++)**), so wird die Nebenwirkung wegen der textmäßigen Ersetzung des Makros zweimal veranlaßt.

Des weiteren gibt es Unterschiede im Umfang der bereitgestellten Makros und Funktionen. Damit kann die nachfolgende Zusammenstellung nur einen Anhaltspunkt auf eventuell vorhandene Unterprogramme sein: Für die konkrete Anwendung wird das Studium des jeweiligen Handbuchs und ein entsprechender Programmtest empfohlen.

Die vorgegebenen Makros und Unterprogramme wollen wir im Hinblick auf ihre Anwendungen in folgende Gruppen unterteilen:

1. Mathematische Funktionen,
2. Unterprogramme zur Dateibearbeitung,
3. Unterprogramme zur Verwaltung des Arbeitsspeichers,
4. Unterprogramme zur Stringbearbeitung,
5. Makros zur Zeichenbearbeitung,
6. Unterprogramme zur Programm-Ausführung.

1. Mathematische Funktionen

Aufruf	Bedeutung / Hinweise
`abs(w)`	$\lvert w \rvert$, Typ von w beliebig, falls abs Makro, sonst int.
`acos(x)`	
`asin(x)`	} Umkehrfunktionen zu cos, sin, tan.
`atan(x)`	
`ceil(x)`	Liefert kleinste ganze Zahl, die größer oder gleich x ist.
`cos(x)`	x im Bogenmaß.
`cosh(x)`	Berechnung von $\frac{e^x + e^{-x}}{2}$.
`exp(x)`	e^x
`fabs(x)`	$\lvert x \rvert$ als Funktion.
`floor(x)`	Es wird [x] berechnet, d.h., die größte ganze Zahl, die kleiner oder gleich x ist.
`fmax(x1,x2)`	Maximum zweier Zahlen.
`fmin(x1,x2)`	Minimum zweier Zahlen.
`hypot(x1,x2)`	Berechnet $\sqrt{x_1^2 + x_2^2}$.
`log(x)`	ln x (Umkehrfunktion zu e^x).
`log10(x)`	log x (Logarithmus zur Basis 10).
`max(n1,n2)`	Maximum zweier Werte } Parameter und Ergebnis
`min(n1,n2)`	Minimum zweier Werte } vom Typ int.
`pow(x1,x2)`	Berechnet $(x_1)^{x_2}$.
`rand()`	Ziehen einer Zufallszahl; Ergebnis vom Typ int, aus Intervall [0, 32767].
`randl()`	Ziehen einer Zufallszahl; Ergebnis vom Typ double, aus Intervall [0, 1).
`sin(x)`	x im Bogenmaß.
`sinh(x)`	Berechnet $\frac{e^x - e^{-x}}{2}$.
`sqrt(x)`	$\sqrt{x}$
`srand(p)`	Starten des Zufallszahlengenerators (für rand und randl mit Primzahl p; kein Typ für srand anzugeben).
`tan(x)`	x im Bogenmaß.
`tanh(x)`	Berechnet wird $\frac{e^x - e^{-x}}{e^x + e^{-x}}$.

Die Parameter x, x_1, x_2 besitzen den Typ double, die Parameter n, n_1, n_2 den Typ int. Die Funktionen besitzen den Typ double, soweit nichts anderes angegeben wurde.

2. Unterprogramme zur Dateibearbeitung

Im Abschnitt III haben wir die Grundzüge der Dateiverarbeitung für die Programmiersprache C beschrieben. Mit den dargestellten Möglichkeiten wird man den "Normalfall" bestreiten können. Für eventuelle "Spezialfälle" gibt es eine große Zahl von Unterprogrammen, die vom C-Programm aus aufgerufen werden können. Wir wollen die Unterprogramme übersichtsweise angeben, wobei wir von folgender Strukturierung ausgehen wollen:

- a. Erstellen
- b. Eröffnen
- c. Schreiben   einer Datei,
- d. Lesen
- e. Schließen
- f. weitere Hilfsfunktionen.

a. Unterprogramme zum Erstellen einer Datei

In der Regel wird die Erstellung einer Datei bei der Ausführung der Anweisung zur Datei-Eröffnung ("open"-Anweisung) veranlaßt, wenn die Datei noch nicht existiert. Nun gibt es einige open-Unterprogramme, die die Existenz der Datei auch dann voraussetzen, wenn sie im Programmverlauf ausgegeben werden soll. Es gibt deshalb besondere Unterprogramme zur Erstellung einer Datei ("create").

erforderliche Deklarationen	Bedeutung		
`int fn;`	File-Nummer.		
`int mod;`	Modus der Datei.		
`char *nam;`	String mit Dateinamen.		
	Aufruf	Wert der Funktion im Fehlerfall	Bedeutung
`int creat();`	`fn=creat(nam,mod);`	-1	Identische Funktionen zur Erstellung einer ASCII-Datei.
`int creata();`	`fn=creata(nam,mod);`	-1	
`int creatb();`	`fn=creatb(nam,mod);`	-1	Erstellen einer Binär-Datei.
`char *mktemp();`	`nam=mktemp(nam1);`		Liefert — ausgehend von nam1 — einen eindeutigen Namen für eine temporäre Datei.

b. Unterprogramme zum Eröffnen einer Datei

Die nachfolgend angegebenen Unterprogramme eröffnen eine Datei für die anschließenden Schreib- oder Leseanweisungen (gesteuert durch den Zugriffsmodus). Bei den Unterprogrammen **fopen**, **fopena** und **fopenb** wird die Datei automatisch angelegt, falls sie noch nicht existierte. [1]

erforderliche Deklarationen	Bedeutung		
`FILE *fp;`	File-Zeiger. Wegen FILE eventuell `#include <stdio.h>` erforderlich.		
`int fn;`	File-Nummer.		
`char *nam;`	Dateiname. String-Konstante oder -Variable.		
`char *puffer;`	Vektor als Pufferbereich.		
`char *mod;`	Zugriffsart: ”r”: read; ”w”: write; ”a”: append.		
`int imod;`	Zugriffsart: 0: lesen; 1: schreiben; 2: lesen + schreiben (update).		
`int st;`	Statusvariable.		
	Aufruf	Wert der Funktion bei Fehler	Bedeutung
`FILE *fopen();`	`fp=fopen(nam,mod);`	0	Eröffnen einer ASCII-Datei.
`FILE *fopena();`	`fp=fopena(nam,mod);`	0	
`FILE *fopenb();`	`fp=fopenb(nam,mod);`	0	Eröffnen einer Binär-Datei.
`FILE *freopen();`	`fp=freopen(nam,mod,fp1);`	0	Wieder-Eröffnen einer ASCII-Datei.
`FILE *freopena();`	`fp=freopena(nam,mod,fp1);`	0	
`FILE *freopenb();`	`fp=freopenb(nam,mod,fp1);`	0	Wieder-Eröffnen einer Binärdatei.
`FILE *fdopen();`	`fp=fdopen(fn,mod);`	0	Zusätzlicher Filezeiger.
`int open();`	`fn=open(nam,imod);`	-1	Eröffnen einer ASCII-Datei über Filenummer (update möglich).
`int opena();`	`fn=opena(nam,imod);`	-1	
`int openb();`	`fn=openb(nam,imod);`	-1	Eröffnen einer Binär-Datei (update möglich).
`int setbuf();`	`st=setbuf(fp,puffer);`	-1	Anlegen eines separaten E/A-Puffers (Anweisung nach Eröffnen, vor erstem Dateizugriff).

---

[1] Bei einigen Herstellern gibt es nur eine einzige Funktion **fopen** zum Öffnen einer Datei, wobei die unterschiedlichen Möglichkeiten über die Parameter gesteuert werden.

c. Unterprogramme zum Schreiben in eine Datei

erforderliche Deklarationen	Bedeutung
`FILE *fp;`	File-Zeiger ⎫ wie in Anweisung zur Eröffnung
`int fn;`	File-Nummer ⎭ der Datei festgelegt.
`char *puffer;`	Puffer, der übertragen werden soll.
`char *form;`	String zur Beschreibung der Ausgabe (Format-Codes...).
`char *s;`	String, der ausgegeben werden soll.
`char c;`	Auszugebendes Zeichen.
`int nges;`	Gesamtzahl der Bytes von `puffer`.
`int n;`	Anzahl der Bytes, die übertragen werden sollen.
`unsigned un;`	Anzahl der Bytes, die übertragen werden sollen.
`int anz;`	Anzahl der tatsächlich übertragenen Bytes.
`long lanz;`	Wie `anz`, jedoch Typ `long`.
`int w;`	Auszugebendes Wort (häufig 16-Bit-Wort; maschinenabhängig).
`long lw;`	Auszugebendes Doppelwort (häufig 32 Bit; maschinenabhängig).

	Aufruf	Wert der Funktion bei Fehler	Bedeutung
`int fwrite();`	`anz=fwrite(puffer,nges,n,fp);`	0	
`int write();`	`anz=write(fn,puffer,un);`	-1	
`int fprintf();`	`anz=fprintf(fp,form,par1,...);`	-1	
`int printf();`	`anz=printf(form,par1,...);`	-1	Auf Standardausgabeeinheit.
`int fputc();`	`anz=fputc(c,fp);`	-1	In `anz` Verschlüsselung des übertragenen Zeichens.
–	`anz=putc(c,fp);`	-1	Makro zur Übertragung eines Zeichens.
–	`anz=putchar(c);`	-1	Auf Standardausgabeeinheit.
`int putw();`	`anz=putw(w,fp);`	–	In `anz` oder `lanz`
`long putl();`	`lanz=putl(lw,fp);`	–	Ausgabewert.
`int fputs();`	`anz=fputs(s,fp);`	-1	In `anz` ist das
`int puts();`	`anz=puts(s);`	-1	letzte Zeichen von `s` verschlüsselt oder 0.

d. Unterprogramme zum Lesen aus einer Datei

erforderliche Deklarationen	Bedeutung
`FILE *fp;`	File-Zeiger ⎫ wie in Anweisung zur Eröffnung
`int fn;`	File-Nummer ⎭ der Datei festgelegt.
`char *puffer;`	Puffer, in den hineingelesen werden soll.
`char *form;`	String zur Beschreibung der Eingabe (Format-Codes...).
`char *s;`	Stringvariable, in die hineingelesen werden soll.
`char c;`	Zeichenvariable, in die hineingelesen werden soll.
`int nges;`	Gesamtzahl der Bytes von `puffer`.
`int n;`	Anzahl der Bytes, die gelesen werden sollen.
`unsigned un;`	Anzahl der Bytes, die gelesen werden sollen.
`int anz;`	Anzahl der tatsächlich gelesenen Bytes.
`int w;`	int-Variable, in die hineingelesen werden soll.
`long lw;`	long-Variable, in die hineingelesen werden soll.

	Aufruf	Wert der Funktion bei Fehler	Bedeutung
`int fread();`	`anz=fread(puffer,nges,n,fp);`	0	
`int read();`	`anz=read(fn,puffer,un);`	-1	
`int fscanf();`	`anz=fscanf(fp,form,par1,...);`	-1	Die Parameter par1,..
`int scanf();`	`anz=scanf(form,par1,...);`	-1	müssen Zeiger-variable sein.
`char fgetc();`	`c=fgetc(fp);`	-1	
—	`c=getc(fp);`		Makro
`(char getchar();)`	`c=getchar();`	-1	Auch als Makro möglich, Zeichen von Standard-eingabeeinheit.
`int getw();`	`w=getw(fp);`		Lesen eines int-Wortes (oft 16 Bit).
`long getl();`	`lw=getl(fp);`		Lesen eines Doppelwortes (oft 32 Bit).
`char *fgets();`	`s=fgets(s1,nges,fp);`	0	
`char *gets();`	`s=gets(s1);`	0	

e. Unterprogramme zum Schließen einer Datei

erforderliche Deklarationen	Bedeutung		

`FILE *fp;`
`int fn;`
`int st;`
	File-Zeiger } wie in Anweisung zur Eröffnung
	File-Nummer } der Datei festgelegt.
	Variable für Statusabfrage.		

	Aufruf	Wert der Funktion bei Fehler	
`int fclose();` `int close();`	`st=fclose(fp);` `st=close(fn);`	-1	

f. Weitere Hilfsfunktionen

erforderliche Deklarationen	Bedeutung		

`FILE *fp;`
`int fn;`
`char *nam;`
`long pos;`
`int start;`
 	
`long diff;`
`int st;`
	File-Zeiger } wie in Anweisung zur Eröffnung
	File-Nummer } der Datei festgelegt.
	Dateiname.
	Byte-Position in einer Datei.
	Festlegen des Startpunktes
	(0: Dateianfang, 1: momentane Position, 2: Dateiende).
	Positionsdifferenz zu dem Startpunkt.
	Variable für Statusabfrage.		

	Aufruf	Wert der Funktion bei Fehler	Bedeutung
`int feof();`[2]	`st = feof(fp);`	–	$st = \begin{cases} \neq 0, \text{ falls Dateiende erkannt,} \\ 0 \text{ sonst} \end{cases}$
`int ferror();`	`st = ferror(fp);`	-1	Bei Fehler in vorausgehender E/A-Anweisung.
–	`clearerr(fp);`	–	Annullieren eines Fehlers.
`int fileno();`	`fn = fileno(fp);`	–	Gibt File-Nummer an, die zu fp (automatisch) vergeben wurde.
`long ftell();`	`pos = ftell(fp);`	–	Liefert augenblickliche Position des Zeigers in Datei fp.
`long tell();`	`pos = tell(fn);`	-1	Wie `ftell` für Datei fn.
`int fseek();`	`st = fseek(fp,` `    diff,start);`	-1	Setzen des Dateizeigers auf Position, die aus `start` und `diff` resultiert.
`int rewind();`[3]	`st=rewind(fp);`	-1	Positionieren auf Dateianfang.
`int unlink();`	`st=unlink(nam);`	-1	Löschen der Datei nam.
`int fflush();`	`st=fflush(fp);`	-1	Schreibt Daten aus dem Puffer in die Datei fp.

[2] Bei einigen Herstellern auch als Makro definiert, dann keine Deklaration zulässig.

[3] Es ist bei einigen Herstellern der Name rew (als Makro!) vorgesehen.

3. Unterprogramme zur Verwaltung des Arbeitsspeichers

Vom Betriebssystem wird dem C-Programmierer ein gewisser Bereich des Arbeitsspeichers ("heap" = Haufen, Menge) zur Verfügung gestellt. In diesem Gesamtbereich kann man sich durch Aufrufe verschiedener Unterprogramme (Teil-)Bereiche quasi dynamisch zuordnen lassen ("allocate" = zuteilen). Die Byte-Adresse (Typ char *adr;) sollte man noch mit Hilfe von "Casts" auf die Adresse des zugehörigen Typs umwandeln.

erforderliche Deklarationen	Bedeutung		
char *adr,*adr1; char *von,*nach; int gr; int n; int st;	Adressen von Bereichen im Heap. Adressen von Bereichen im Heap. Größe des Bereichs , der zugeordnet werden soll, in Bytes. Anzahl der Bereiche. Status.		
	Aufruf	Wert der Funktion bei Fehler	Bedeutung
char *malloc();	adr=malloc(gr);	0	adr auf Wortgrenze.
char *calloc();	adr=calloc(n,gr);	0	Bereich für einen Vektor mit der Gesamtlänge n·gr.
char *zalloc();	adr=zalloc(gr);	0	Zusätzlich zu malloc Speicherplätze mit 0 vorbesetzt.
char *realloc();	adr=realloc(adr1,gr);	0	Vergrößern eines Bereichs bei gleichzeitigem Umkopieren des alten Bereichs (adr1).
–	free(adr);	–	Freigabe eines früher reservierten Bereichs.
int swab();	st=swab(von,nach,gr);	–	Kopieren eines Bereichs.
char *sbrk();	adr=sbrk(gr);	-1	Vergrößern des Heap-Bereichs.
int brk();	st=brk(adr);	-1	Vergrößern des Heap-Bereichs.

4. Unterprogramme zur Stringbearbeitung

erforderliche Deklarationen	Bedeutung	
char *s,*s1,*s2; char *form; char *pos; char c; int m; double dw; int w; long lw; unsigned uw;	Stringvariable. String mit Format-Codes. Zeiger auf ein Zeichen. Zeichenvariable. Anzahl von Bytes. Variable zur Aufnahme des Ergebnisses.	

	Aufruf	Bedeutung
char *strchr();	pos=strchr(s,c);	Adresse des ersten Auftretens des Zeichens c in dem String s oder Wert 0 (früher: Unterprogramm index).
char *strrchr();	pos=strrchr(s,c);	Adresse des letzten Auftretens des Zeichens c in dem String s oder Wert 0 (früher: Unterprogramm rindex).
char *strcat();	s=strcat(s1,s2);	Fügt s2 an s1 an (s1 wird damit verändert!), s zeigt auf s1.
char *strncat();	s=strncat(s1,s2,n);	n Zeichen von s2 werden an s1 angefügt, s zeigt auf s1.
int strcmp();	w=strcmp(s1,s2);	Vergleich zweier Strings: Wenn s1 < s2, dann w < 0, s1 = s2, w = 0, s1 > s2, w > 0.
int strncmp();	w=strncmp(s1,s2,n);	Wie strcmp, es werden nur n Bytes verglichen.
char *strcpy();	s=strcpy(s1,s2);	Kopieren von s2 nach s1; dabei darf s2 nicht länger als s1 sein.
char *strncpy();	s=strncpy(s1,s2,n);	Kopieren von höchstens n Bytes aus s2 nach s1. Das String-Ende-Zeichen wird nur dann angefügt, wenn s2 kürzer als n ist und zusätzlich noch kürzer als s1 ist.
int strlen();	w=strlen(s);	Länge des Strings s (ohne String-Ende-Zeichen).
int sscanf();	w=sscanf(s,form, par1,...);	Formatgebundenes Lesen aus String s.
int sprintf();	w=sprintf(s,form, par1,...);	Formatgebundenes Schreiben in den String s.
int atoi();	w=atoi(s);	Konvertierung eines Strings s mit Ziffernfolge in int-Wert
long atol();	lw=atol(s);	long-Wert
double atof();	dw=atof(s);	double-Wert
unsigned atou();	uw=atou(s);	unsigned-Wert

Darüber hinaus gibt es bei einigen Herstellern weitere Unterprogramme (z.B. ftoa, itoa, otoa, utoa), die die Konvertierung — mit zusätzlichen Parametern — in

5. Makros zur Zeichenbearbeitung

erforderliche Deklarationen	Bedeutung
char c; int w;	Abzuprüfendes oder umzuwandelndes Zeichen. Variable zur Aufnahme des Ergebnisses.

Da es sich bei allen nachfolgend angegebenen Namen um Makros handelt, dürfen
sie nicht in einer Deklarationsanweisung aufgeführt werden.

Aufruf	Bedeutung
	Der Wert von w ist ungleich Null, wenn das Zeichen c
w=isalnum(c);	alpha-numerisch,
w=isalpha(c);	ein Buchstabe,
w=isascii(c);	ein ASCII-Zeichen,
w=iscntrl(c);	ein Kontroll-Zeichen,
w=isdigit(c);	eine Ziffer,
w=islower(c);	ein Kleinbuchstabe,
w=isupper(c);	ein Großbuchstabe,
w=ispunct(c);	ein Interpunktionszeichen,
w=isprint(c);	ein druckbares Zeichen,
w=isspace(c);	ein Zeichen, das als Leerzeichen interpretiert wird, ist.
	Umwandlung des Zeichens c in
w=tolower(c);	Kleinbuchstaben,
w=toupper(c);	Großbuchstaben,
w=toascii(c);	ASCII-Zeichen.

6. Unterprogramme zur Programmausführung

Aufruf	Bedeutung
abort();	Abbruch des Programms.
exit(code);	Verlassen des Programms mit angegebenem Code (Typ int). Ein- und Ausgabedateien werden geschlossen.
sleep(t);	Unterbrechung der Programmausführung für etwa t Sekunden (t : Typ unsigned).

Lösungen zu den Aufgaben und Beispielen

Bevor wir die verschiedenen Lösungen der Beispiele und Aufgaben angeben und kommentieren, wollen wir die "formatgebundene" Ausgabeanweisung vom Prinzip her erläutern. Später werden wir die Ein- und Ausgabeanweisungen noch genauer betrachten (siehe Seite 43).

Die Ausgabeanweisung hat die allgemeine Form:

```
printf("Zeichenfolge", Variablenliste);
```

Die Zeichenfolge hat dabei eine doppelte Funktion:

1. Sie dient dem vorgegebenen Unterprogramm `printf` als Kontrollangabe. Hierdurch wird gesteuert,

    - wie viele Variable in der Variablenliste sind,

    - an welcher Stelle innerhalb einer Zeile und in welcher Form die Werte ausgegeben werden sollen.

2. Die Zeichen, die nicht als Kontrollzeichen interpretiert werden, erscheinen als Ausgabetext auf dem Drucker bzw. auf dem Bildschirm.

Die Kontrollangaben ("Format-Codes") werden jeweils durch das Zeichen % eingeleitet. Es sind folgende Zuordnungen zwischen den Format-Codes und den auszugebenden Variablen vorgesehen:

Format-Code	Typ der auszugebenden Variablen
`%c` `%s`	`char` (Ausgabe eines Zeichens) Ausgabe eines Strings
`%d`	`char` (Ausgabe des Code-Wertes) `short` `int`
`%ld` `%u`	`long` `unsigned`
`%f` `%e`	`float` oder `double` in Festkomma-Darstellung `float` oder `double` in Gleitkomma-Darstellung

Man muß darauf achten, daß die Zuordnung (in der Reihenfolge der Angabe) zwischen den Format-Codes und den auszugebenden Variablen ihrer Anzahl und ihrem Typ nach stimmt, weil sonst falsche Werte — ohne Fehlermeldung — ausgegeben werden.

Die aufeinanderfolgenden `printf`-Anweisungen geben die einzelnen Werte nach dem "Schreibkopf-Prinzip" nebeneinander aus. Eine neue Zeile wird dann bewirkt, wenn in der Zeichenfolge die Angabe \n auftritt.

Zur Verdeutlichung des oben allgemein Gesagten wollen wir ein Beispiel für die
Ausgabe einer Zeile angeben. Hierzu seien folgende Variablen gegeben:

```
n = 5, m = -196          ◄────      beide Variablen mit dem Typ int,
x = 7.8, y = 6.35        ◄────      beide mit dem Typ float.
```

Die Ausgabeanweisung möge lauten:

```
printf("n = %d m = %d x = %f   y = %e\n", n,m,x,y);
```

Es wird folgende Zuordnung zwischen den Format-Codes und den aufgeführten Variablen vorgenommen:

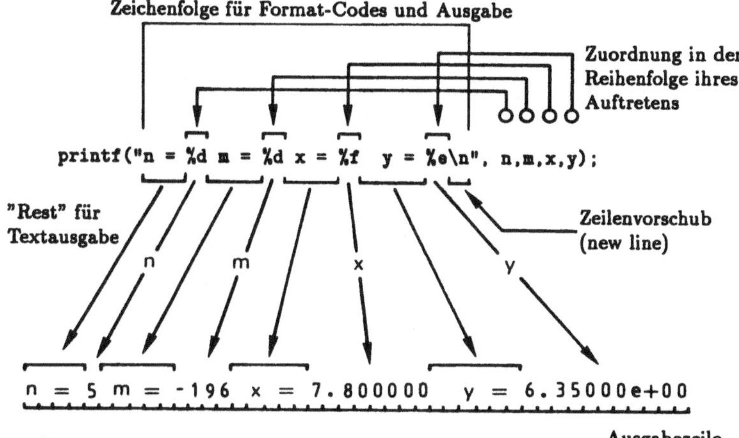

An Stelle der Variablennamen darf man in der Variablenliste der printf-Anweisung
auch Ausdrücke (und ebenso Konstanten) angeben.

Zu Beispiel I.1 (Seite 7)

```
main()                        /*  ***  Beispiel I.1  ***  */
{
  float a,b,w;
  float m();
  a = 3;
  b = 4;
  w = m(a,b);
  printf("Mittelwert = %f",w);
}

float m(a1,b1)
  float a1,b1;
{
  float s1;
  s1 = (a1+b1)/2;
  return(s1);
}
```

Als Ausgabe erhält man:

```
Mittelwert = 3.500000
```

Zu der obigen Lösung wollen wir nun einige Programmvarianten und zusätzliche
Hinweise geben.

Implizite Typfestlegung für Funktionen (Seite 11)

Wenn man in dem obigen Hauptprogramm die Deklaration

```
float m();
```

nicht angibt, wird dort die Funktion m vom Typ int angenommen. Es wird kein
Fehler gemeldet, sondern mit dem an das Hauptprogramm übermittelten, falschen
Wert weitergerechnet (in unserem Fall: Ausgabe des falschen Wertes).

Typübereinstimmung für Parameter (Seite 9)

Wenn man in dem Funktionsaufruf

```
w = m(a,b);
```

die Konstanten 3 und 4 direkt angibt (w = m(3, 4);), erhält man ein falsches
Ergebnis, da die Konstanten im Aufruf den Typ int und nicht — wie in der Funk-
tionsdeklaration gefordert — den Typ float besitzen. Stattdessen muß man die
float-Konstanten 3.0 und 4.0 angeben, um bei dem Aufruf

```
w = m(3.0, 4.0);
```

zum gewünschten Ergebnis zu gelangen:

```
  main()                /* *** Beispiel I.1, Variante 1 *** */
  {
    float w,m();
    w = m(3.0,4.0);
    printf("Mittelwert = %f",w);
  }

  float m(a1,b1)
    float a1,b1;
  {
    float s1;
    s1 = (a1+b1)/2;
    return(s1);
  }
```

Ausdruck in return-Anweisung (Seite 9)

Wenn man die Berechnung des arithmetischen Ausdrucks in die return-Anweisung
verlegt, kann man in dem Unterprogramm auf die Hilfsvariable s1 verzichten:

```
main()              /*  ***  Beispiel I.1, Variante 2  ***  */
{
  float w,m();
  w = m(3.0,4.0);
  printf("Mittelwert = %f",w);
}


float m(a1,b1)
  float a1,b1;
{
  return((a1+b1)/2);
}
```

Unterprogramm mit Nebenwirkung

Da es uns auf die Berechnung und Ausgabe des Mittelwertes ankommt, kann man
das Unterprogramm mit der Druckanweisung als Nebenwirkung angeben. Die Typ-
Angabe für das Unterprogramm m kann entfallen (implizit wird der Typ int festgelegt):

```
main()                /*  ***  Beispiel I.1, Variante 3  ***  */
{
  m(3.0,4.0);
}

m(a1,b1)
  float a1,b1;
{
  float s1;
  s1 = (a1+b1)/2;
  printf("Mittelwert = %f",s1);
  return;
}
```

Ausdruck als aktueller Parameter (Seite 44)

An Stelle der Variablen s1 kann man in der printf-Anweisung auch den arithmetischen Ausdruck angeben. Damit kann man das Programm — bei gleicher Struktur
— nochmals verkürzen:

```
main()                /*  ***  Beispiel I.1, Variante 4  ***  */
{
  m(3.0,4.0);
}

m(a1,b1)
  float a1,b1;
{
  printf("Mittelwert = %f",(a1+b1)/2);
```

Cast für aktuellen Parameter (Seite 9)

Bei nicht passenden aktuellen Parametern kann man die Umwandlung durch sogenannte Casts erreichen:

```
main()                 /*  ***  Beispiel I.1, Variante 5  ***  */
{
  float w,m();
  w = m((float) 3, (float) 4);
  printf("Mittelwert = %f",w);
}

float m(a1,b1)
  float a1,b1;
{
  return((a1+b1)/2);
}
```

Typ double für float-Parameter (Seite 10)

Bei Parametern vom Typ float werden automatisch double-Variablen übergeben. Man darf also auch Casts mit dem Typ double angeben, obwohl die formalen Parameter den Typ float besitzen:

```
main()                 /*  ***  Beispiel I.1, Variante 6  ***  */
{
  float w,m();
  w = m((double) 3, (double) 4);
  printf("Mittelwert = %f",w);
}

float m(a1,b1)
  float a1,b1;
{
  return((a1+b1)/2);
}
```

Cast in einem Ausdruck (Seite 9 unten)

Einen Cast darf man auch in einer Wertzuweisung — oder allgemeiner: in einem Ausdruck — verwenden, wie die folgende Variante es zeigt:

```
main()                 /*  ***  Beispiel I.1, Variante 7  ***  */
{
  float a,b,w,m();
  a = (float) 3;
  b = (float) 4;
  w = m(a, b);
  printf("Mittelwert = %f",w);
}
```

```
float m(a1,b1)
  float a1,b1;
{
  return((a1+b1)/2);
}
```

Globale Variable für Informationsaustausch (Seite 10)

Bei Verwendung globaler Variablen kann man bei dem Unterprogramm m auf die
Parameter verzichten. Trotzdem müssen bei der Deklaration und beim Aufruf des
Unterprogramms Klammern angegeben werden:

```
float a,b,w;         /*  ***  Beispiel I.1, Variante 8  ***  */

main()
{
  a = 3;
  b = 4;
  m();
  printf("Mittelwert = %f",w);
}

m()
{
  w = (a+b)/2;
}
```

extern-Spezifikation (Seite 11)

Werden die globalen Variablen nicht zu Beginn des Programms deklariert, so müssen
sie in den einzelnen Unterprogrammen jeweils als ”extern” unter Angabe ihres Typs
spezifiziert werden (dies gilt auch für das Unterprogramm main):

```
main()               /*  ***  Beispiel I.1, Variante 9  ***  */
{
  extern float a,b,w;
  a = 3;
  b = 4;
  m();
  printf("Mittelwert = %f",w);
}

m()
{
  extern float a,b,w;
  w = (a+b)/2;
}

float a,b,w;
```

Wertübergabe mit Hilfe von Parametern (Seite 20)

Der berechnete Wert kann über einen Parameter in das aufrufende Programm zurückgereicht werden, wenn man "Zeigervariable" benutzt:

```
      main()            /*  ***  Beispiel I.1, Variante 10  ***  */
      {
        float *p,w;
        p = &w;
        m(3.0,4.0,p);
        printf("Mittelwert = %f", *p);
      }


      m(a1,b1,c1)
        float a1,b1,*c1;
      {
        *c1 = (a1+b1)/2;
      }
```

Adress-Operator & bei aktuellem Parameter:

```
      main()          /*  ***  Beispiel I.1, Variante 11  ***  */
      {
        float w;
        m(3.0,4.0,&w);
        printf("Mittelwert = %f", w);
      }

      m(a1,b1,c1)
        float a1,b1,*c1;
      {
        *c1 = (a1+b1)/2;
      }
```

Initialisierung von Variablen (Seite 25)

Man darf einfache, lokale Variable mit Ausdrücken, die auch Aufrufe von Unterprogrammen einschließen, initialisieren.

In der Deklarationsanweisung

```
      float a = 3.0, b = 4.0, w = m(a,b);
```

werden die Variablen a und b mit den Werten 3.0 und 4.0 initialisiert. Diese Werte werden bereits bei der Initialisierung der Variablen w durch den Aufruf des Unterprogramms m verwendet.

Die Variable s1 im Unterprogramm m wird durch einen arithmetischen Ausdruck initialisiert, der aus den Parametern gebildet wird.

Die Reihenfolge der Spezifikationen bzw. Deklarationen ist unbedingt einzuhalten:

- Als erstes muß die Funktion m() spezifiziert werden (sonst erhält sie im Unterprogramm main den Typ int zugeordnet),

- die Variablen a und b müssen deklariert und initialisiert werden,

- zum Schluß kann die Variable w durch den Aufruf von m(a,b) initialisiert werden.

Obwohl — wie in der nachfolgenden Lösungsvariante gezeigt wird — die Initialisierung durch einen Unterprogrammaufruf zulässig ist, sollte man sich die Frage stellen, ob man diese Möglichkeit verwenden sollte:

```
main()              /*  ***  Beispiel I.1, Variante 12  ***  */
{
  float m();
  float a = 3.0, b = 4.0, w = m(a,b);

  printf("Mittelwert = %f",w);
}


float m(a1,b1)
  float a1,b1;
{
  float s1 = (a1+b1)/2;
  return(s1);
}
```

Bei allen Programmen, die als Lösungsvarianten angegeben wurden, erhält man das oben beschriebene Ergebnis

```
Mittelwert = 3.500000
```

Zu Beispiel I.2 (Seite 12)

```
  main()                            /*  ***  Beispiel I.2  ***  */
  {
    float x,y,a[3],pol();
    a[0] = 1.4; a[1] = -2; a[2] = 1;
    x = 5;
    y = pol(x,a);
    printf("%f %f", x, y);
  }

  float pol(x1,a1)
    float x1,a1[];
  {
    float s1;
    s1 = (a1[2]*x1+a1[1])*x1+a1[0];
    return(s1);
```

Als Ergebnis wird

```
5.000000 16.400000
```

ausgegeben.

Zu Beispiel I.3 (Seite 14)

```
    main()                              /*  ***  Beispiel I.3  ***  */
    {
      float a[2][3],su,summe();
      a[0][0] = 10; a[0][1] = 20; a[0][2] = 30;
      a[1][0] = 40; a[1][1] = 50; a[1][2] = 60;
      su = summe(a);
      printf("Summe = %f",su);
    }

    float summe(b)
      float b[][3];
    {
      float h;
      h = b[0][0] + b[0][1] + b[0][2]+
          b[1][0] + b[1][1] + b[1][2];
      return(h);
    }
```

Als Ergebnis erhält man die Ausgabe

```
Summe = 210.000000
```

Indexumrechnung Matrix ⟶ Vektor (Seite 16)

Die Matrix a korrespondiert als aktueller Parameter beim Aufruf des Unterprogramms **summe** mit dem Vektor v als formalem Parameter. Die Zeilenlänge der Matrix a wird über den 2. Parameter an das Unterprogramm übermittelt:

```
    main()                /*  ***  Beispiel I.3, Variante 1  ***  */
    {
      float a[2][3],su,summe();
      a[0][0] = 10; a[0][1] = 20; a[0][2] = 30;
      a[1][0] = 40; a[1][1] = 50; a[1][2] = 60;
      su = summe(a,3);
      printf("Summe = %f",su);
    }

    float summe(v,m)
      float v[];
      int m;
    {
      float h;
      h = v[0]   + v[1]   + v[2] +
          v[m+0] + v[m+1] + v[m+2];
      return(h);
    }
```

In dem Beispiel konnten wir die Indexumrechnung in dem Unterprogramm **summe** sehr einfach vornehmen, weil wir m=3 bereits wußten. Im allgemeinen Fall muß man hierzu Schleifen mit variabler Grenze angeben.

Komponentenberechnung über Zeiger (Seite 18)

An das Unterprogramm **summe** wird die Startadresse der Matrix a übergeben. Im Unterprogramm wird diese als Zeigervariable verarbeitet, wobei die Kenntnis der zeilenweisen Abspeicherung (Zeilenlänge = 3) wichtig ist. Die Startadresse der Matrix a kann alternativ auch mit

        a[0]

oder

        &a[0][0]

angegeben werden (siehe Hinweis in der Programmliste):

```
    main()                    /*  ***  Beispiel I.3, Variante 2  ***  */
    {
      float a[2][3],su,summe();
      a[0][0] = 10; a[0][1] = 20; a[0][2] = 30;
      a[1][0] = 40; a[1][1] = 50; a[1][2] = 60;    alternative Aufrufe:
      su = summe(a,3);                             su = summe(a[0],3);
      printf("Summe = %f",su);                     oder
    }                                              su = summe(&a[0][0],3);


    float summe(p,m)
      float *p;
      int m;
    {
      float h;
      h =    *p      + *(p+1)   + *(p+2)
          + *(p+m) + *(p+m+1) + *(p+m+2);
      return(h);
    }
```

Zuweisung einer Adresse an eine Zeigervariable

Man kann einem Zeiger p die Startadresse einer Matrix a zuweisen durch

        p = a;

und dann alle Werte der Matrixelemente durch Verschieben des Zeigers abrufen (auf demselben Wege kann man den Matrixelementen auch Werte zuweisen):

```c
main()                 /* *** Beispiel I.3, Variante 3 *** */
{
    int m;
    float a[2][3],su,*p;
    a[0][0] = 10; a[0][1] = 20; a[0][2] = 30;
    a[1][0] = 40; a[1][1] = 50; a[1][2] = 60;
    m = 3;
    p = a;
    su = *p      + *(p+1)   + *(p+2)
        + *(p+m) + *(p+m+1) + *(p+m+2);
    printf("Summe = %f",su);
}
```

Vektor von Zeigern

Man kann Zeigervariable zu Vektoren (und natürlich auch zu Matrizen) zusammenfassen. So zeigt in dem nachfolgenden Programm

z[0] auf das erste Element der ersten Zeile der Matrix a und
z[1] auf das erste Element der zweiten Zeile.

Innerhalb einer Zeile werden die Matrixelemente durch die Verschiebung des Zeigers angesprochen:

```c
main()               /* *** Beispiel I.3, Variante 4 *** */
{
    float a[2][3],su,*z[2];
    a[0][0] = 10; a[0][1] = 20; a[0][2] = 30;
    a[1][0] = 40; a[1][1] = 50; a[1][2] = 60;
    z[0] = &a[0][0];
    z[1] = &a[1][0];
    su = *z[0] + *(z[0]+1) + *(z[0]+2) +
         *z[1] + *(z[1]+1) + *(z[1]+2);
    printf("Summe = %f",su);
}
```

Alternativ kann man die ersten Elemente der Matrixzeilen von a auch mit

    z[0] = a[0];

und

    z[1] = a[1];

adressieren.

Wie man sieht, sind die Lösungsmöglichkeiten sehr vielfältig. Man sollte sich auf eine Adressierungsart beschränken, um die Fehleranfälligkeit der eigenen Programme möglichst gering zu halten. Zu empfehlen ist der konsequente Einsatz von Zeigern, wie er im Unterprogramm summe der Lösungsvariante 2 (siehe oben) praktiziert wurde und nicht die zusätzlich möglichen Mischformen (z.B. Variante 4).

Zu Beispiel I.4 (Seite 21)

```
    int g(k)                          /*  ***  Beispiel I.4  ***  */
      int k;
    {
      printf("Aufruf von g mit k = %d\n", k);
      return(k);
    }

    main()
    {
      int g(),w;
      int (*f)();
      f = g;
      w = (*f)(6);
      printf("w = %d\n", w);
    }
```

Ausgegeben werden folgende Zeilen:

```
    Aufruf von g mit k = 6
    w = 6
```

Zu Beispiel I.5 (Seite 22)

```
    float fkt(x)                      /*  ***  Beispiel I.5  ***  */
      float x;
    {
      printf("Aufruf von fkt mit x = %f\n", x);
      return(x);
    }

    float y(a,b,f)
      float a,b,(*f)();
    {
      float w;
      printf("Aufruf von y mit a = %f b = %f\n", a,b);
      w = (*f)(a);
      return(w);
    }

    main()
    {
      float y(),fkt(),z;
      z = y(-1.0, 1.0, fkt);
      printf("%f\n", z);
    }
```

Ausgegeben werden folgende Zeilen:

```
Aufruf von y mit a = -1.000000 b = 1.000000
Aufruf von fkt mit x = -1.000000
-1.000000
```

Zu Beispiel I.6 (Seite 23)

```
    float fkt(x)                    /*  ***  Beispiel I.6  ***  */
      float x;
    {
      printf("Aufruf von fkt mit x = %f\n", x);
      return(x);
    }

    float y(m,x)
      int m;
      float x;
    {
      printf("Aufruf von y mit m = %d und x = %f\n", m,x);
      return(x);
    }

    main()
    {
      float y(),fkt(),w0,w1;
      float (*f[2])();
      f[0] = fkt;
      f[1] = y;
      w0 = (*f[0])(3.14);
      printf("w0 = %f\n", w0);
      w1 = (*f[1])(5, 6.28);
      printf("w1 = %f\n", w1);
    }
```

Ausgegeben werden folgende Zeilen:

```
Aufruf von fkt mit x = 3.140000
w0 = 3.140000
Aufruf von y mit m = 5 und x = 6.280000
w1 = 6.280000
```

Zu Aufgabe I.1 (Seite 26)

```
float x,y=15.0;              /*  ***  Aufgabe I.1  ***  */
int n;

main()
{
  n = 22;
  up();
  up();
  printf("%d\n",n);
}


up()
{
  static int a=3,n;
  int b=7,c;
  a = a+1; n = n-1; b = b*2;
  x = x+a; y = y+b;
  printf("%d %d %d %d  %f %f\n", a,b,c,n, x,y);
}
```

Durch die Ausgabeanweisungen erhält man folgende Werte angezeigt:

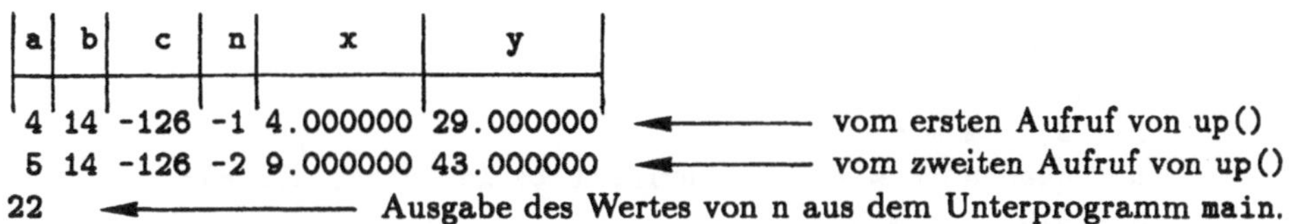

a	b	c	n	x	y
4	14	-126	-1	4.000000	29.000000	← vom ersten Aufruf von up()
5	14	-126	-2	9.000000	43.000000	← vom zweiten Aufruf von up()
22						← Ausgabe des Wertes von n aus dem Unterprogramm main.

Ausgangssituation

- Die globale Variable x wird mit Null initialisiert, da für sie keine besondere
  Anfangswertsetzung erfolgt.

- Die globale Variable y wird mit 15.0 vorbesetzt.

- Die globale Variable n wird mit 0 vorbesetzt, später erhält sie im Unterprogramm **main** den Wert 22 zugewiesen, den sie bis zum Programmschluß
  behält.

Erster Aufruf von up

Die **static**-Variable a ist bei der Compilierung mit dem Wert 3 vorbesetzt, die
static-Variable n mit dem Wert 0 (n: lokale Variable im Unterprogramm up).
Beide Variablen bleiben von einem Aufruf des Unterprogramms up zum nächsten
erhalten.

Bei jedem Aufruf von up werden die Variablen b und c neu angelegt, die Variable b mit dem Wert 7 initialisiert.

Die Variable c wird nicht vorbesetzt, es bleibt der unbestimmte Inhalt des Speicherplatzes erhalten. Durch die nachfolgenden Wertzuweisungen werden die Werte von a, n, b, x und y verändert. Die Variable c erhält keine Zuweisung, ihr Wert bleibt unbestimmt (oben zufällig gleich -126).

Zweiter Aufruf von up

Da die Variablen a und n des Unterprogramms up das Attribut **static** besitzen, bleibt ihr Inhalt von einem Aufruf des Unterprogramms zum nächsten erhalten. Sie besitzen von dem vorausgehenden Aufruf zunächst die Werte 4 und -1, die dann erhöht bzw. erniedrigt werden.

Die abschließende Ausgabe des Unterprogramms **main**

```
printf("%d\n",n);
```

dokumentiert, daß die globale Variable n von dem Unterprogramm up nicht verändert wurde, weil dort eine lokale Variable mit gleichem Namen deklariert ist.

Zu Beispiel I.7 (Seite 28)

```
                                      /*  ***  Beispiel I.7  ***  */
#define quadsum(a,b)  (a*a+b*b)
main()
{
  int n,m,k;
  float x,y,q;
  k = 5;    m = 6;
  n = quadsum(k,m)+20;      printf("%d %d %d\n", k,m,n);
  x = 4.0; y = 2.0;
  q = quadsum(x,y);         printf("%f %f %f\n", x,y,q);
}
```

Man erhält folgende Ausgabe:

```
5 6 81
4.000000 2.000000 20.000000
```

Zu Aufgabe I.2 (Seite 29)

Teil a
```
                                      /*  ***  Aufgabe I.2  ***  */
        #define quadsum(a,b)  (a*a+b*b)
        float x,y,z;
        main()
        {
          x = 4; y = 2;          printf("%f %f\n", x,y);
          z = quadsum(x,y);      printf("%f\n", z);
          z = quadsum(x+5.0,y);  printf("%f\n", z);
        }
```

Es werden folgende Werte ausgegeben:

```
4.000000 2.000000
20.000000
33.000000
```

Offensichtlich wird durch den ersten Aufruf von **quadsum** die Summe der Quadrate von 4 und 2 richtig berechnet, nicht jedoch bei dem zweiten Aufruf. Die Begründung für das falsche Ergebnis liegt in folgendem Sachverhalt begründet:

Definitionsgemäß wird das Makro **quadsum(x+5.0,y)** von dem Präcompiler textmäßig ersetzt durch:

```
(x+5.0*x+5.0+y*y)
```

Diese Umsetzung stimmt offensichtlich nicht mit unserer Erwartung überein.

Teil b Man kann den Aufruf des Makros ändern in

```
quadsum((x+5.0),y)
```

um zu dem gewünschten Ergebnis zu gelangen oder das Makro **quadsum** ändern in:

```
#define quadsum(a,b)  ((a)*(a)+(b)*(b))
```

Zu Aufgabe II.1 (Seite 34)

Teil a Ein Ausdruck der Form

```
g1 <= x <= g2
```

ist in der Programmiersprache C zwar zulässig (siehe Teil b), aber er gibt den erwarteten Wert für "x liegt zwischen g_1 und g_2" nicht wieder. Möglich sind die Verknüpfungen

```
(g1 <= x) == (x <= g2)
```

und

```
(g1 <= x) && (x <= g2)
```

Dabei könnte man auf die Klammern wegen der Prioritätenregelung verzichten. An Hand der auf den Seiten 31 und 32 angegebenen Tabellen kann man für die beiden Verknüpfungen nachvollziehen, daß sie nur dann den Wert 1 liefern, wenn x zwischen g1 und g2 liegt.

Teil b In der Zuweisung

```
b = 10 <= x <= 15;
```

treten zwei Relationen mit gleicher Priorität auf; sie werden — wie im Anhang C angegeben — "von links nach rechts" bearbeitet. Die Relation

```
10 <= x    mit   x = -4
```

liefert den Wert 0, da −4 nicht größer oder gleich 10 ist. Anschließend wird das Ergebnis 0 in der zweiten Relation

```
0 <= 15
```

benutzt, die den Wert 1 liefert.

Man kann leicht feststellen, daß die Variable b unabhängig von dem Wert von x immer den Wert 1 erhält, da sowohl 0 als auch 1 kleiner als 15 sind.

Zu Beispiel II.1 (Seite 37)

```
main()                          /*  ***  Beispiel II.1  ***  */
{
  int n,s;
  s = 0;
  for (n=1; n <= 100; n = n+1)
    s = s+n;
  printf("Summe = %d\n",s);
}
```

Als Ergebnis erhält man

```
Summe = 5050
```

Summation innerhalb der for-Anweisung (Seite 38)

```
main()            /*  ***  Beispiel II.1, Variante 1  ***  */
{
  int n,s;
  for (n=1, s=0; n <= 100; s = s+n, n = n+1)
    ;
  printf("Summe = %d\n",s);
}
```

Inkrementierungsoperator für n, Zuweisungsoperator für s (Seite 40)

```
main()            /*  ***  Beispiel II.1, Variante 2  ***  */
{
  int n,s;
  for (n=1, s=0; n <= 100; s += n, n++)
    ;
  printf("Summe = %d\n",s);
}
```

Wertzuweisung innerhalb eines Ausdrucks

In der Programmiersprache C darf man an Stelle einer Variablen in einem Ausdruck auch eine Wertzuweisung an diese Variable angeben. Die Zuweisung muß dann in runde Klammern gesetzt werden:

```c
main()            /* *** Beispiel II.1, Variante 3  *** */
{
  int n,s;
  for (n=0, s=0; (n=n+1) <= 100; s += n)
    ;
  printf("Summe = %d\n",s);
}
```

Da wir die **for**-Schleife mit dem Anfangswert 0 starten, ist die Erhöhung der Laufvariablen n in dem Bedingungsteil in der Form:

```
(n=n+1) <= 100
```

möglich. Eine weitere zulässige Variante wäre:

```
for (n=0,s=0; ++n <= 100; s += n) ;
```

Zu Aufgabe II.2 (Seite 38)

In dem Beispiel I.2 (Seite 83) haben wir die Lösung schon für einen speziellen Fall programmiert. Wir wollen die dortige Lösung verallgemeinern und die Möglichkeit der Schleifensteuerung benutzen.

```c
main()                          /* *** Aufgabe II.2 *** */
{
  float xmin = -1,
        xmax = 1,
        dx   = 0.2,
        x,y,pol();
  static float a[6] = {0.0, 5.0, 0.0, -20.0, 0.0, 16.0};
  int n = 5;

  x = xmin;
  while (x <= xmax)
  {
    y = pol(x,a,n);
    printf("x = %f y = %f\n", x,y);
    x = x+dx;
  }
}

float pol(x1,a1,n1)
  float x1,a1[];
  int n1;
{
  float s1; int i;
  s1 = 0;
  for (i=n1; i>=0; i=i-1)
    s1 = s1*x1+a1[i];
  return(s1);
}
```

Deklaration und Vorbesetzung

Attribut **static** erforderlich für Vorbesetzung eines Vektors

while-Schleife mit einer zusammengesetzten Anweisung

for-Schleife zur Berechnung des Polynomwertes mit dem Horner-Schema

Alternativ kann man die Schleife im Unterprogramm **main** auch als **for-** oder als **do**-Schleife angeben.

for-Schleife:

```
for (x = xmin; x <= xmax; x = x+dx)
{
  y = pol(x,a,n);
  printf("x = %f  y = %f\n", x,y);
 }
```

do-Schleife:

```
x = xmin;
do
{
  y = pol(x,a,n);
  printf("x = %f  y = %f\n", x,y);
  x = x+dx;
} while (x <= xmax);
```

Die **for**-Schleife im Unterprogramm **pol** kann man unter Verwendung von Sprachelementen, die auf Seite 39 erklärt werden, auch folgendermaßen angeben:

```
for (s1=0, i=n1; i>=0; s1 *= x1, s1 += a1[i], i--)  ;
```

Das Horner-Schema zur Berechnung des Polynomwertes ist jetzt bei der Inkrementierung in der **for**-Schleife "versteckt". Die Frage ist, ob man seine Programme in dieser Form entwickeln will. Wir meinen, daß man sie übersichtlicher halten sollte (z.B. erste Lösung), um die spätere Wartung zu erleichtern.

Als Ergebnis erhält man aus allen Programmvarianten:

```
x = -1.000000 y = -1.000000
x = -0.800000 y = 0.997119
x = -0.600000 y = 0.075840
x = -0.400000 y = -0.883840
x = -0.200000 y = -0.845120

x = 0.600000 y = -0.075839
x = 0.800000 y = -0.997119
x = 1.000000 y = 0.999998
```

Die Tabelle ist nicht besonders schön, weil sie nicht spaltengerecht ausgegeben wird. Dies liegt an der Voreinstellung für den Format-Code **%f**. Auf Seite 43 werden wir Erweiterungen der Format-Codes beschreiben. Diese kann man für eine übersichtlichere Ausgabe einsetzen.

Zu Aufgabe II.3 (Seite 40)

Teil a

Um die zugewiesenen Werte nach jeder der beiden for-Schleifen überprüfen zu
können, haben wir in das gegebene Programm zusätzliche for-Schleifen zur Ausgabe eingefügt. Damit der Wert der Variablen n nach Verlassen der ersten Schleife
nicht verändert wird (er muß in der zweiten Schleife noch zur Verfügung stehen),
haben wir die zusätzliche Variable m verwendet. Wir wollen das Programm an den
gekennzeichneten Stellen erläutern.

```
main()                              /* *** Aufgabe II.3 *** */
{
  int n,a[10];
  int m;
  for (n = 0, a[n] = 0; n < 9; a[++n] = a[n-1]+1) ;
             (1)                    (2)
  for (m=0; m <= 9; m++) printf("%d %d\n", m,a[m]);

  for ( ; n > 0; a[n] = a[--n]) ;
       (3)          (4)
  for (n = 0; n <= 9; n++) printf(" %d  %d\n", n,a[n]);
}
```

(1) Die Anfangswertsetzung

    n = 0, a[n] = 0;

wird wegen des Komma-Operators von links nach rechts abgearbeitet, d.h.,
die Variable n erhält den Wert 0 zugewiesen. Dieser Wert wird in a[n]
bereits benutzt.

(2) Die Wertzuweisung

    a[++n] = a[n-1]+1

die an der Stelle der Inkrementierung angegeben wurde, wird von links nach
rechts analysiert. Damit wird als erstes

    a[++n]

angetroffen. Wegen ++n wird vor dem Aufruf von n der Speicherinhalt von
n um 1 erhöht. Es wird also

    a[1]

angesprochen. Auf der rechten Seite des Zuweisungszeichens (=) wird nun

    a[n-1]+1

berechnet. Da die Variable n gerade auf 1 erhöht wurde, wird

    a[0]+1   (= 1)

berechnet und der Komponente a[1] zugewiesen. — Nach den übrigen
Schleifendurchläufen ist in den Komponenten a[j] der Wert j (j=1, ..., 9)
gespeichert.

③ Auf die Anfangswertsetzung für n verzichten wir, weil die Variable n noch
von der vorausgehenden Schleife den Wert 9 besitzt.

④ Durch die Wertzuweisung

```
a[n] = a[--n]
```

die an Stelle der Inkrementierung angegeben wurde, wird — bei n = 9 beginnend bis n = 1 — den Komponenten a[n] der Wert der jeweils vorherge-
henden Komponente zugewiesen. Wegen der Angabe --n wird die Variable
n dabei dekrementiert.

Der Wert von a[0] bleibt unverändert gleich 0. In den übrigen Komponenten
a[j] ist jetzt der Wert j-1 gespeichert.

Es werden folgende Werte ausgegeben:

1. Ausgabeschleife			2. Ausgabeschleife	
0	0		0	0
1	1		1	0
2	2		2	1
3	3		3	2
4	4		4	3
5	5		5	4
6	6		6	5
7	7		7	6
8	8		8	7
9	9		9	8

Teil b

Wie im Teil a erläutert, geht bei der Auswertung einer Zuweisung, wie z.B.

```
a[++n] = a[n-1]+1;
```

die Berechnungsreihenfolge der Terme ++n und n-1 ganz entscheidend ein. Die
Reihenfolge kann von einem C-Compiler zum nächsten unterschiedlich sein, da sie
in der Sprachdefinition nicht festgelegt ist. — Hieraus kann man nur den Schluß
ziehen, Seiteneffekte ganz allgemein in der Programmierung zu vermeiden.

Es kommt ein weiterer Gesichtspunkt hinzu: Programme mit Seiteneffekten sind
sehr schwer zu durchschauen. Damit sind sie schwer wartbar und zusätzlich feh-
leranfällig. So wäre es z.B. in Aufgabe II.3 wesentlich einfacher gewesen zu schreiben:

```
a[0] = 0;
for (n = 1; n <= 9; n++) a[n] = n-1;
```

Zu Aufgabe II.4 (Seite 42)

In dem Lösungsprogramm benötigen wir an zwei Stellen den Absolutbetrag eines
Wertes. Wir könnten uns die **abs**-Funktion bereitstellen lassen, wie sie vom Hersteller vorgesehen ist. Hierzu hätten wir eine **include**-Instruktion in der Form

```
#include <portab.h>
```

eingeben müssen, die die Systembibliothek **portab.h** mit der Funktion **abs** eingeschlossen hätte. Stattdessen haben wir ein Makro definiert und hierzu den bisher
nicht beschriebenen "bedingten Ausdruck" verwendet (siehe Programmliste):

```
(x) < 0 ? -(x) : (x)
```

Der bedingte Ausdruck hat folgenden prinzipiellen Aufbau:

Boole'scher Ausdruck ? Ausdruck_1 : Ausdruck_2

und er darf — eventuell eingeklammert — überall dort angegeben werden, wo eine
Variable desselben Typs erlaubt ist.

Liefert der Boole'sche Ausdruck das Ergebnis "wahr" (dem entspricht ein von Null
verschiedener **int**-Wert), so wird der Ausdruck_1 genommen, im anderen Fall der
Ausdruck_2.

Über den letzten Parameter des Unterprogramms **gauss** möchten wir an den aufrufenden Programmteil mitteilen, ob das Gleichungssystem lösbar ist oder nicht. Es
wird aus diesem Grund ein Zeiger mit dem Aufruf

```
gauss(..., &loesbar);
```

und nicht ein Wert übergeben. Daher muß die Spezifikation des letzten Parameters
lauten:

```
gauss(..., loesb)
   int *loesb;
```

Hierdurch wird die Zuweisung im Unterprogramm an den formalen Parameter **loesb**
nach außen hin wirksam. In derselben Weise wirken sich die Wertzuweisungen an
die Komponenten des Vektors **x** aus: In ihnen werden die Werte des Lösungsvektors
mitgeteilt.

Da die Matrix **a** und der Vektor **b** auch als Zeiger übergeben werden, wirken sich
Wertzuweisungen an deren Elemente ebenfalls nach außen hin aus. Durch den Aufruf des Unterprogramms **gauss** werden die Matrix **a** und der Vektor **b** des Hauptprogramms **main** verändert.

Bei den Linearkombinationen wird die Hilfsgröße

$$h = \frac{1}{a_{jj}}$$

berechnet. Das Matrixelement a_{jj} ist mit Hilfe des Zeigers a im Unterprogramm gauss durch (a+j*n+j) adressiert und sein Wert ist

```
*(a+j*n+j)
```

In der Berechnung von h ist nun anzugeben:

```
h = 1.0/ *(a+j*n+j);
```

Das Leerzeichen zwischen dem Zeichen / und dem Zeichen * ist unbedingt erforderlich, weil sonst von /* an ein Kommentar angenommen wird.

Es ist sicher ein Manko der Sprachfestlegung von C, daß durch Aneinanderstoßen einzelner Symbole ein neues Zeichen mit einer gänzlich anderen Bedeutung entstehen kann.

```
                    /*  ***  Aufgabe II.4  ***  */
#define  abs(x)  ( (x) < 0 ? -(x) : (x) )

gauss(n,a,b,x,loesb)
  int n,*loesb;
  float *a,*b,*x;
{
  float h,h2;
  int j,j1,j2,k;

  for (j=0; j < n; j++)
  {
    for (k=0; k<n; k++)
      printf("%f  ", *(a+j*n+k));
    printf("     %f\n", *(b+j));
  }

  for (j=0; j < n; j++)
  {
    j1 = j; h = abs(*(a+j*n+j));
    for (j2=j+1; j2 < n; j2++)
    {
      h2 = abs(*(a+j2*n+j));
      if (h2 > h)
        { h = h2; j1 = j2; };
    }
    if (h < 0.0001)
      { *loesb = 0; printf("Matrix singulaer"); return; }
    for (k=j; k < n; k++)
    {
      h = *(a+j*n+k);
      *(a+j*n+k) = *(a+j1*n+k);
      *(a+j1*n+k) = h;
    }
    h = *(b+j); *(b+j) = *(b+j1); *(b+j1) = h;
```

Kontrollausgabe des übergebenen Gleichungssystems

Suche des Pivot-Elements und Vertauschung der Zeilen

siehe obige Bemerkung

```c
      h = 1.0/ *(a+j*n+j);
      for (k=j;  k < n;  k++)
        *(a+j*n+k) *= h;
      *(b+j) *= h;
```
Diagonalelement
zu 1 normiert

```c
      for (j2=j+1;  j2 < n;  j2++)
      {
        h2 = *(a+j2*n+j);
        for (k=j+1;  k < n;  k++)
          *(a+j2*n+k) -= *(a+j*n+k)*h2;
        *(b+j2) -= *(b+j)*h2;
      }
    }
```
Bildung der Linear-
kombinationen

```c
    *loesb = 1;
    for (j=n-1;  j >= 0;  j--)
    {
      *(x+j) = *(b+j);
      for (k=n-1;  k >= j+1;  k--)
        *(x+j) -= *(a+j*n+k)* *(x+k);
    }
    return;
}
```
Berechnen des Lösungsvektors
aus der Dreiecksmatrix

```c
main()
{
  float a[3][3],b[3],x[3];
  int n,loesbar;
  n = 3;
  a[0][0] = 0.2;  a[0][1] = 0.2;  a[0][2] = 1.0;    b[0] = 3.0;
  a[1][0] = 1.0;  a[1][1] = 0.5;  a[1][2] = 0.3;    b[1] = 1.0;
  a[2][0] = 0.2;  a[2][1] = 2.0;  a[2][2] = 0.4;    b[2] = 2.0;
```
Ausgangs-
gleichung

```c
  gauss(n,a,b,x,&loesbar);

  if (loesbar)
    printf("\n%f %f %f ", x[0], x[1], x[2]);
}
```

```
0.200000   0.200000   1.000000        3.000000
1.000000   0.500000   0.300000        1.000000
0.200000   2.000000   0.400000        2.000000
```
Ausgangs-
gleichung

```
-0.091324 0.422374 2.933789
```
Lösungsvektor

In dem gerade beschriebenen Programm haben wir die Information über die er-
folgreiche Bearbeitung des Gleichungssystems im Unterprogramm **gauss** über den
5. Parameter **loesb** in das aufrufende Hauptprogramm **main** mitgeteilt. Typisch
für die Programmiersprache C wäre es, das Unterprogramm **gauss** als Funktion zu
vereinbaren und den gerade beschriebenen Informationsaustausch nicht über einen
Parameter vorzusehen, sondern über den Namen der Funktion. Das Programm
hätte dann folgende Struktur:

```
int gauss(n,a,b,x)
  int n;
  float *a,*b,*x;
{
  . . .

  if (h < 0.0001)
    { printf("Matrix singulaer"); return(0); }
  . . .

  return(1);
}

main()
{
  . . .

  int n,gauss();
  . . .

  if (gauss(n,a,b,x) )
    printf("\n%f %f %f ", x[0],x[1],x[2]);
}
```

Zu Beispiel III.1 (Seite 45)

```
main()                          /*  ***  Beispiel III.1  ***  */
{
  float x,y;
  char *st;
  int m = 312;

  st = "ABC RST";
  x = 4.5; y = 1246;

  printf("M = %6d X = %7.3f Y = %10.2e %s\n", m,x,y,st);
  printf("M = %06d X = %7.3f Y = %10.2e %10.5s*\n", m,x,y,st); ]zusätzliche
  printf("M = %-06d X = %7.3f Y = %5.2e %-10.5s*\n", m,x,y,st); ]Variationen
}
```

100

Anweisung `printf("M = %6d X = %7.3f Y = %10.2e %s\n", m,x,y,st);`

Als Ergebnis erhält man die Ausgabe, wie sie auf Seite 45 beschrieben wurde:

```
M =    312 X =    4.500 Y =    1.25e+03 ABC RST
.........................................
```

Bei manchen Rechnern wird der Exponent mit 3 Ziffern ausgegeben. Dies muß man bei der Größenfestlegung des Ausgabefeldes berücksichtigen.

Anweisung `printf("M = %06d X = %7.3f Y = %10.2e %10.5s*\n", m,x,y,st);`

Änderung:

An den gekennzeichneten Stellen wurden die Format-Codes verändert. Vor der Zahl 312 (= m) werden in dem Ausgabefeld von 6 Positionen 3 Nullen ausgegeben.

Von dem String werden nur die ersten 5 Zeichen in einem Feld von 10 Positionen rechtsbündig ausgegeben. Als Ergebnis erhält man folgende Ausgabezeile:

```
M = 000312 X =    4.500 Y =    1.25e+03        ABC R*
.........................................
```

Anweisung `printf("M = %-06d X = %7.3f Y = %5.2e %-10.5s*\n", m,x,y,st);`

Änderung:

Wegen der beiden angegebenen Minus-Zeichen werden die Werte jetzt linksbündig ausgegeben und wegen der nachfolgenden Null in dem ersten Format-Code werden die rechten Positionen des Ausgabefeldes mit Nullen gefüllt. Das Ausgabefeld für y wird automatisch von 5 auf 8 Positionen erhöht, weil es für die Ausgabe des Zahlenwertes zu klein gewählt wurde. Man erhält jetzt folgende Ausgabezeile:

```
M = 312000 X =    4.500 Y = 1.25e+03 ABC R        *
.........................................
```

Wie man sieht, führt der Format-Code für die Variable m zu einer Fehlinterpretation.

Zu Aufgabe III.1 (Seite 49)

Auf den ersten Blick meint man, die Einleseschleife, bei der gleichzeitig die Anzahl n der eingelesenen Werte erhöht und ihre Akkumulation in der Variablen m durchgeführt wird, in der folgenden Form angeben zu können:

```
while (scanf("%f", &x) != EOF)
{
   m += x; n++;
}
```

Die Einleseschleife arbeitet auch korrekt und liefert den gewünschten Wert, solange man die Zahlenwerte richtig eingibt und dann die Eingabe mit der Taste ETX oder mit CNTL und D abschließt. In dem Augenblick aber, in dem man versehentlich statt einer Ziffer (oder eines zugelassenen Zeichens wie $-$. e oder $+$) ein anderes, nicht zugelassenes Zeichen eingibt, wird ein "unendlicher" Schleifendurchlauf in Gang gesetzt:

> Das Unterprogramm `scanf` kommt über das unzulässige Zeichen nicht hinweg und liefert als Anzahl der gelesenen Zahlen immer den Wert 0 zurück, der von EOF verschieden ist. Es muß also zusätzlich in der `while`-Bedingung abgefragt werden, ob überhaupt ein Wert übertragen wurde.

Eine erste Lösung unter Einführung einer zusätzlichen `int`-Variablen `stat` könnte dann die folgende Einleseschleife sein:

```
stat = scanf("%f", &x);
while ( (stat != EOF) && (stat != 0) )
{
  m += x; n++;
  stat = scanf("%f", &x);
}
```

Wir können die Einleseanweisungen mit der `while`-Anweisung verknüpfen, wenn wir schreiben:

```
while ( (stat = scanf("%f", &x)) != EOF && (stat != 0) )
{
  m += x; n++;
}
```

Für eine weitere Variante können wir den Komma-Operator verwenden, der auf Seite 38 beschrieben wurde:

```
while ( (stat = scanf("%f", &x),
         (stat != EOF) && (stat != 0) ) )
{
  m += x; n++;
}
```

Unbefriedigend ist, daß die Einleseschleife bei einem Eingabefehler verlassen wird. Es ist zweckmäßiger, den Fehler abzufangen, wie es die folgende Alternative tut:

```
                        /* *** Aufgabe III.1, Variante 1  *** */
#include <stdio.h>
main()
{
  float x,m;
  int  n=0,stat;
  char dummy;
```

```
    while ( printf(":"), stat = scanf("%f",&x),
                         (stat != EOF) )
      {
        if (stat == 0)
          { printf("Eingabefehler"); scanf("%c",&dummy); }
        else { m += x; n++; }
      }

      m /= (n = 0 ? 1 : n);

      printf("Mittelwert = %f\n", m);
    }
```

Eingabebeispiel:

```
            1
            2
            3
            4
            5
            CNTL D          ◄──────  für Ende der Datei
```

Als Ergebnis erhalten wir die Zeile:

```
    Mittelwert = 3.000000
```

In dem obigen Programm haben wir noch eine Ausgabeanweisung für ein "Prompt-Zeichen" (:) eingefügt. Hierdurch erhält man am Terminal einen Hinweis darauf, daß der Rechner eine Eingabe erwartet. Weil die Übergabe der Daten an das Programm erst nach dem Abschluß mit der Taste "new line" erfolgt, erscheinen die Prompt-Zeichen gehäuft, wenn wir mehrere Zahlen in einer Zeile eingegeben haben.

Zu Aufgabe III.2 (Seite 52)

In dem nachfolgenden Programm legen wir den Bereich zur Aufnahme der Sachwörter von vornherein ("statisch") fest. Eine "dynamische" Erweiterung zur Ausführungszeit werden wir erst später beschreiben (siehe Seite 108, Unterprogramm `calloc`). Zusätzlich ist eine starre Unterteilung des reservierten Bereichs vorgenommen worden und zwar

    für jedes Sachwort: 20 Zeichen (einschl. String-Ende-Zeichen)
    für jede Seitenzahl: 5 Zeichen (einschl. String-Ende-Zeichen)

(Diese Begrenzungen dürfen bei der Eingabe nicht durch längere Sachwörter oder Seitenzahlen überschritten werden).

Da die meisten Sachwörter kürzer sein dürften, wird der reservierte Bereich nicht gut ausgenutzt. Hier könnte man die Daten erheblich dichter packen, indem man die Länge der eingegebenen Strings berücksichtigt.

Die eingegebenen Sachwörter (und die zugehörigen Seitenzahlen) werden sequentiell
in dem reservierten Bereich sw gespeichert. Die Sortier-Reihenfolge wird in dem
Zeigervektor z[] festgehalten, wobei die erste Komponente z[0] auf das Sachwort
mit dem kleinsten Wert verweist.

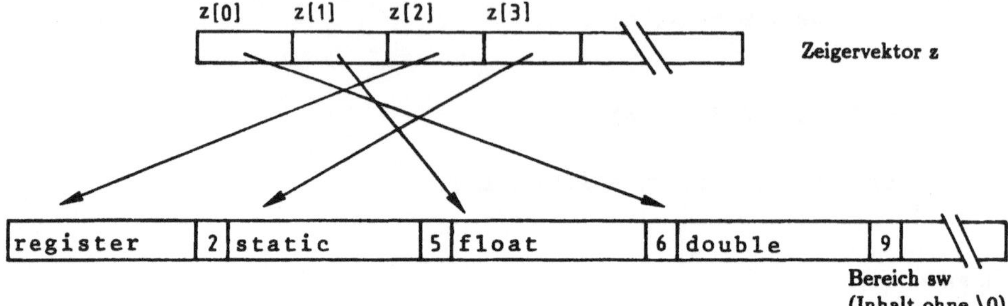

Das Unterprogramm vergl führt den Vergleich zwischen den Strings durch, die als
aktuelle Parameter übergeben werden. Es liefert die Werte

-1 falls der erste aktuelle Parameter kleiner ist als der zweite,

0 falls beide Parameter gleich sind und

1 falls der erste aktuelle Parameter größer ist als der zweite.

Die sortierten Sachwörter werden zusammen mit ihren Seitenzahlen in die Datei
"so" geschrieben und können von dort ausgedruckt werden.

```
                                    /*  ***  Aufgabe III.2  ***  */
    #include <stdio.h>
    main()
    {
      char *ew,*es,sw[2500],*z[100];
      FILE *aus;
      int nmax,k,j,vergl();

      ew = sw; es = sw+20; nmax = 0;
      while ( printf(":"),
              scanf("%s%s", ew,es) != EOF && (nmax < 99) )
      {
        for (k = 0; k < nmax; k++)
          if ( vergl(ew,z[k]) == -1 ) goto einfuegen;
        k = nmax;
    einfuegen:
        for (j = nmax; j > k; j--)
          z[j] = z[j-1];
        z[k] = ew;
        nmax++;
        z[nmax] = ew = &sw[25*nmax]; es = &sw[25*nmax+20];
      }
```

```c
  aus = fopen("so","w");

  for (j = 0; j < nmax; j++)
    fprintf(aus,"%-20s%-5s\n", z[j], z[j]+20);

  fclose(aus);
}

int vergl(s1,s2)
  char *s1,*s2;
{
  char *h1,*h2;
  h1 = s1; h2 = s2;
  while ( (*h1 != '\0') && (*h2 != '\0') )
  {
    if (*h1 < *h2) return(-1);
    else if (*h1 > *h2) return(1);
    h1++; h2++;
  }
  if ( (*h1 == '\0') && (*h2 == '\0') ) return(0);
  else if (*h1 == '\0') return(-1);
       else return(1);
}
```

Eingegebene Daten:

```
        register 2
        static 5
        float 6
        double 9
        CNTL D          ←————————— für Ende der Datei
```

```
double           9 ⎤ Ergebnisse
float            6 ⎥ (Liste der Datei so)
register         2 ⎥
static           5 ⎦
```

Zu Beispiel IV.1 (Seite 56)

```c
  main()                        /*  *** Beispiel IV.1 ***  */
  {
    struct schiff
    {
      char *name;
      float l,b,t;
      int bauj;
    };
```

```c
    struct schiff neu;

    neu.name = "H.H. MEIER";
    neu.l = 23.20;
    neu.b = 5.30;
    neu.t = 1.40;
    neu.bauj = 1959;

    printf("Name: %s\nLaenge: %6.2f\nBreite: %5.2f\n",
           neu.name, neu.l, neu.b);
    printf("Tiefgang: %6.2f\nBaujahr: %d\n", neu.t, neu.bauj);
}
```

Als Ausgabe erhält man:

```
Name: H.H. MEIER
Laenge:  23.20
Breite:  5.30
Tiefgang:   1.40
Baujahr: 1959
```

Will man die Struktur nur an einer einzigen Stelle verwenden, so kann man den
Strukturnamen weglassen und die Strukturbeschreibung mit der nachfolgenden Deklaration zusammenfassen:

```c
    struct
    {
      char *name;
      float l,b,t;
      int bauj;
    } neu;
```

In den nachfolgenden Lösungen zu Beispiel IV.1 ist dieser Ansatz allerdings nicht
möglich.

Bei den folgenden Programm-Varianten haben wir die Ausgabeanweisungen in dem
Unterprogramm ausgabe zusammengefaßt. Als formaler Parameter ist die Variable
f mit dem Typ struct schiff vorgesehen. Damit dies zulässig ist, muß die Struktur
schiff zum Zeitpunkt der Deklaration des Unterprogramms ausgabe bekannt sein.
Die Konsequenz ist die Festlegung der Struktur als globale Größe.

Man braucht die Struktur nicht als globale Größe zu vereinbaren, wenn man den
Parameter nicht als "Struktur" spezifiziert, sondern als "Zeiger auf eine Struktur".
Dies hat den weiteren Vorteil, daß nicht bei jedem späteren Aufruf des Unterprogramms wegen call by value eine Kopie der gesamten Struktur angelegt, sondern
nur der Zeigerwert übergeben werden muß. Allerdings müssen in dem Unterprogramm ausgabe einige Anweisungen geändert werden und ebenso der Aufruf des
Unterprogramms (siehe Lösung zu Aufgabe IV.1, Seite 115).

Die Zuweisung

```
    s[0] = neu;
```

bewirkt, daß alle Variablenwerte des Strukturbereichs neu an die Variablen des
Bereichs s[0] übergeben werden. Anschließend sind die Informationen im Arbeitsspeicher doppelt vorhanden (dies darf nicht mit einer Zuweisung einer Adresse an
eine Zeigervariable verwechselt werden, bei der dann zwei Variable auf denselben
Speicherbereich verweisen).

```
    struct schiff        /*  *** Beispiel IV.1, Variante 1 ***  */
    {
      char *name;
      float l,b,t;
      int bauj;
    };

    main()
    {
      struct schiff neu,s[5];
      neu.name = "H.H. MEIER";
      neu.l = 23.20;
      neu.b = 5.30;
      neu.t = 1.40;
      neu.bauj = 1959;          ausgabe(neu);

      s[0] = neu;               ausgabe(s[0]);
    }

    ausgabe(f)
      struct schiff f;
    {
      printf("Name: %s\nLaenge: %6.2f\nBreite: %5.2f\n",
             f.name, f.l, f.b);
      printf("Tiefgang:%6.2f\nBaujahr: %d\n\n", f.t, f.bauj);
      return;
    }
```

Als Ausgabe erhält man:

```
    Name: H.H. MEIER
    Laenge:   23.20
    Breite:   5.30
    Tiefgang:    1.40
    Baujahr: 1959
```
Im Strukturbereich von
neu
gespeichert.

```
    Name: H.H. MEIER
    Laenge:   23.20
    Breite:   5.30
    Tiefgang:    1.40
```
Im Strukturbereich von
s[0]
gespeichert.

Im Zusammenhang mit Strukturen braucht man oft eine dynamische Reservierung
und Freigabe von Speicherbereichen. Während in anderen Programmiersprachen
hierfür besondere Anweisungen bereitgestellt werden, steht in C eine Funktion mit
dem Namen `calloc` zur Verfügung.[1] Ihr Aufruf hat die allgemeine Form:

```
Adresse = calloc(Anzahl,Groesse);
```

Dabei bedeuten

`Adresse`: Variable zur Aufnahme der Byte-Adresse. Erforderliche Deklaration:

```
char *Adresse, *calloc();
```

`Anzahl`: Anzahl der Einheiten mit der `Groesse`, für die Speicherplatz reserviert
werden soll.

`Groesse`: Größenangabe in Bytes.   In der Regel wird man den Operator
`sizeof(...)` verwenden.

Nach dem Aufruf ist in der Variablen `Adresse` die Adresse des reservierten Bereichs
gespeichert. War eine Reservierung nicht möglich, wird der Wert 0 zurückgereicht.

Die Freigabe eines reservierten Bereichs kann durch den Aufruf des vorgegebenen
Unterprogramms `free` erfolgen. Der Aufruf hat die Form:

```
free(Adresse);
```

dabei steht `Adresse` für die zuvor benutzte Variable (s.o.).

In dem nachfolgend angegebenen Programm wird mit der Anweisung

```
adr = calloc(5,sizeof(struct schiff));
```

ein Bereich im Arbeitsspeicher während der Programmausführung reserviert, der
5 Variable vom Typ `struct schiff` aufnehmen kann. Die Variable `adr` ist mit
dem Typ "Zeiger auf ein Zeichen" vereinbart, da dieser Typ für das Unterprogramm `calloc` vorgesehen ist. Nun möchten wir den reservierten Bereich nicht
zur Speicherung von Zeichen verwenden, sondern zur Speicherung von Strukturen.
Aus diesem Grunde müssen wir noch eine Typ-Umwandlung mit Hilfe eines Casts
vornehmen. Hierzu dient die Anweisung

```
p = (struct schiff *) adr;
```

(Das Zeichen * in dem Cast ist erforderlich, weil die Variable p eine Zeigervariable
ist.)

Den Umweg über die Variable adr können wir uns sparen, wenn wir sofort angeben:

```
p = (struct schiff *) calloc(5,sizeof(struct schiff));
```

---

[1] Weitere Unterprogramme zur Speicherverwaltung sind im Abschnitt V.3, Seite 73, angegeben.

Mit der anschließenden Anweisung

```
*p = neu;
```

wird auf dem ersten der 5 reservierten Bereiche der Inhalt des Strukturbereichs von neu übertragen, wie man der nachfolgenden Ausgabe entnehmen kann.

Mit der Anweisung

```
p++;
```

wird der Zeiger um eine Einheit erhöht. Damit zeigt p jetzt auf den nächsten freien Platz innerhalb des Speicherbereichs, der durch den Aufruf der Allokierungsfunktion calloc bereitgestellt wurde.

Falls man kontrollieren will, um wieviel Bytes der Zeiger p erhöht wird, muß die zugehörige printf-Anweisung den Format-Code %u (von unsigned) für den Zeiger p und ebenso für den Wert von sizeof(...) erhalten. Die Angabe %d oder %ld als Format-Code führt zu falschen Ergebnissen.

```
struct schiff       /*  ***  Beispiel IV.1, Variante 2  ***  */
{
  char *name;
  float l,b,t;
  int bauj;
};

main()
{
  char *calloc(),*adr;

  struct schiff neu,*p;

  neu.name = "H.H. MEIER";
  neu.l = 23.20;
  neu.b = 5.30;
  neu.t = 1.40;
  neu.bauj = 1959;

  adr = calloc(5,sizeof(struct schiff));
  p = (struct schiff *) adr;

  *p = neu;
  ausgabe(*p);

  p++; *p = neu;

  p -> name = "THEODOR HEUSS";   ◄────
  ausgabe(*p);
}
```

Der Struktur-Zeiger-Operator (—>) wird auf Seite 59 erläutert.

```c
ausgabe(f)
  struct schiff f;
{
  printf("Name: %s\nLaenge: %6.2f\nBreite: %5.2f\n",
         f.name, f.l, f.b);
  printf("Tiefgang:%6.2f\nBaujahr: %d\n\n", f.t, f.bauj);
  return;
}
```

Als Ausgabe erhält man:

```
Name: H.H. MEIER
Laenge:  23.20
Breite:  5.30
Tiefgang:   1.40
Baujahr: 1959

Name: THEODOR HEUSS
Laenge:  23.20
Breite:  5.30
Tiefgang:   1.40
Baujahr: 1959
```

Zu Beispiel IV.2 (Seite 59)

```c
struct schiff                 /*  ***  Beispiel IV.2  ***  */
{
  char *name;
  float l,b,t;
  int bauj;
  struct schiff *rett;
};

main()
{
  struct schiff neu,rb;
  neu.name = "H.H. MEIER";   rb.name = "ROLAND";
  neu.l    = 23.20;          rb.l    = 6.50;
  neu.b    = 5.30;           rb.b    = 2.30;
  neu.t    = 1.40;           rb.t    = 0.60;
  neu.bauj = 1959;           rb.bauj = 1959;
  ausgabe(neu);              ausgabe(rb);
  neu.rett = &rb;            ausgabe(*neu.rett);
}

ausgabe(f)
  struct schiff f;
{
      wie oben angelistet.
}
```

```
Name: H.H. MEIER
Laenge:   23.20
Breite:   5.30
Tiefgang:   1.40
Baujahr: 1959
```
Ausgabe des Bereichs
neu

```
Name: ROLAND
Laenge:   6.50
Breite:   2.30
Tiefgang:   0.60
Baujahr: 1959
```
Ausgabe des Bereichs
rb

```
Name: ROLAND
Laenge:   6.50
Breite:   2.30
Tiefgang:   0.60
Baujahr: 1959
```
Ausgabe des Bereichs
*neu.rett
(identisch mit Bereich rb)

In der nachfolgenden Programmalternative muß die Überlagerungseinheit **alternat**
vor ihrer Verwendung in der Struktur **schiff** beschrieben sein, weil zum Anlegen
der Variablen **boot** die union-Beschreibung bekannt sein muß.

```
union alternat   /*  ***  Beispiel IV.2, Variante 1  ***  */
{
  struct schiff *rett;
  int anz;
};

struct schiff
{
  char *name;
  float l,b,t;
  int bauj;
  union alternat boot;      <------   Beschreibung vom Typ
}                                     union alternat
                                      muß hier bekannt sein.

main()
{
  struct schiff neu,rb;
  neu.name = "H.H. MEIER";   rb.name  = "ROLAND";
  neu.l    = 23.20;          rb.l     = 6.50;
  neu.b    = 5.30;           rb.b     = 2.30;
  neu.t    = 1.40;           rb.t     = 0.60;
  neu.bauj = 1959;           rb.bauj  = 1959;
                             rb.boot.anz = 7;
  ausgabe(neu,0);            ausgabe(rb,1);
  neu.boot.rett = &rb;       ausgabe(*neu.boot.rett,1);
}
```

Da der Punktoperator (.) eine höhere
Priorität besitzt als der Indirek-
tionsoperator (*), wird letzterer bis
an die Variable **rett** "durchgereicht".

```c
ausgabe(f,st)
  struct schiff f;
  int st;
{
  printf("Name: %s\nLaenge: %6.2f\nBreite: %5.2f\n",
         f.name, f.l, f.b);
  printf("Tiefgang:%6.2f\nBaujahr: %d\n", f.t, f.bauj);
  if (st == 1) printf("Anzahl = %d\n", f.boot.anz);
  printf("\n");
  return;
}
```

Das Unterprogramm **ausgabe** mußte um einen Parameter **st** erweitert werden, um
zu steuern, ob die Ausgabe der Personenzahl **anz** möglich ist, d.h., ob in dem Bereich
von **boot** die Variable **anz** mit einem Wert versehen wurde.

Man erhält — abgesehen von der Personenzahl — dieselbe Ausgabe wie oben beschrieben (Beispiel IV.2, siehe Seite 110).

In der nachfolgenden Programm-Variante wurde die Überlagerungseinheit in die
Struktur **schiff** einbezogen. In diesem Fall braucht man der **union**-Beschreibung
keinen Namen zu geben. Es reicht, die Variablenliste (in unserem Fall: Variable
boot) am Ende der **union** aufzuführen.

Da das übrige Programm mit der vorausgehenden Programm-Variante identisch ist,
wird nur der erste Teil aufgelistet:

```c
struct schiff     /*  ***  Beispiel IV.2, Variante 2  ***  */
{
  char *name;
  float l,b,t;
  int bauj;
  union
  {
    struct schiff *rett;
    int anz;
  } boot;
};

main()
{
  struct schiff neu,rb;

     . . .

}
```

In der nachfolgenden Programm-Variante wollen wir die Beschreibung der Überlagerungseinheit **alternat** nach der Beschreibung der Struktur **schiff** angeben.
Die veränderte Reihenfolge führt dazu, daß die Deklaration:

112

```
union alternat boot;
```

in der Struktur **schiff** nicht mehr möglich ist, weil der "Bauplan" für die Variable
boot noch nicht bekannt ist. Demgegenüber ist es möglich, an dieser Stelle einen
Zeiger zu vereinbaren durch

```
union alternat *boot;
```

da die Zeigervariable den Typ **unsigned** besitzt. Zum späteren Zeitpunkt muß die
Zeigervariable auf einen Bereich verweisen, der den Typ union **alternat** besitzt.
Um dies sicherzustellen, ist im Hauptprogramm die Vereinbarung

```
union alternat u1,u2;
```

angegeben und später die Zuweisungen

```
neu.boot = &u1;
```

bzw.

```
rb.boot = &u2;
```

Da noch einige andere Anweisungen zu ändern sind, geben wir die Programm-
Variante nochmals geschlossen an:

```
struct schiff        /*  *** Beispiel IV.2, Variante 3  *** */
{
  char *name;
  float l,b,t;
  int bauj;
  union alternat *boot;
};

union alternat
{
  struct schiff *rett;
  int anz;
};

main()
{
  struct schiff neu,rb;
  union alternat u1,u2;

  neu.name = "H.H. MEIER";   rb.name = "ROLAND";
  neu.l    = 23.20;          rb.l    = 6.50;
  neu.b    = 5.30;           rb.b    = 2.30;
  neu.t    = 1.40;           rb.t    = 0.60;
  neu.bauj = 1959;           rb.bauj = 1959;
```

```
    neu.boot = &u1;             rb.boot = &u2;
                                (*rb.boot).anz = 7;
    ausgabe(neu,0);             ausgabe(rb,1);
    (*neu.boot).rett = &rb;     ausgabe(*(*neu.boot).rett,1);
}

ausgabe(f,st)
  struct schiff f;
  int st;
{
  printf("Name: %s\nLaenge: %6.2f\nBreite: %5.2f\n",
         f.name, f.l, f.b);
  printf("Tiefgang:%6.2f\nBaujahr: %d\n", f.t, f.bauj);
  if (st == 1) printf("Anzahl = %d\n", (*f.boot).anz);
  printf("\n");
  return;
}
```

In dem Aufruf (siehe Programmliste)

```
ausgabe(*(*neu.boot).rett, 1);
```

gibt es für den ersten aktuellen Parameter die folgende Zuordnung der Indirektions-
operatoren (*):

```
*(*neu.boot).rett
```

Statt des zweiten Indirektionsoperators darf man auch den Struktur-Zeiger-
Operator (− >) verwenden und angeben:

```
ausgabe(*neu.boot− >rett, 1);
```

Man erhält — abgesehen von der Personenzahl — dieselbe Ausgabe wie bei dem
Ausgangsbeispiel IV.2 (siehe Seite 110).

Zu Aufgabe IV.1 (Seite 63)

Das in der Aufgabenstellung angegebene Programm braucht nicht korrekt zu laufen,
obwohl es auf einzelnen Rechnern ein richtiges Ergebnis liefern kann. Dies ist in
folgendem Sachverhalt begründet:

> In dem Unterprogramm init wird durch die Variable s (mit dem Typ
> struct schiff) ein Speicherbereich angelegt, in den hinein die Werte
> der Parameter (Name, Länge, ...) übertragen werden. Der Bereich der
> Variablen s steht nur in dem Block des Unterprogramms zur Verfügung.
> Es kann nun sein, daß der Block noch adressierbar ist und die Variable
> s auf den reservierten Bereich verweist. Es kann aber auch sein, daß der
> Block bereits gelöscht ist. Dann kommt es zu falschen Ergebnissen oder
> zum Programmabsturz.

Will man das Initialisieren einer Struktur in einem Unterprogramm vornehmen, so
muß man dafür sorgen, daß der für die Struktur reservierte Bereich außerhalb des
Unterprogramms angelegt wird. Dies kann mit Hilfe des vorgegebenen Unterprogramms calloc geschehen, wie die Programmvariante 1 zeigt (siehe Seite 116).

```
struct schiff                /*  ***  Aufgabe IV.1  ***  */
{
  char *name;
  float l,b,t;
  int bauj;
};

struct schiff *init(name,l,b,t,bauj)
  char *name;
  float l,b,t;
  int bauj;
{
  struct schiff s;
  s.name = name;
  s.l    = l;
  s.b    = b;
  s.t    = t;
  s.bauj = bauj;
  return(&s);
}
```

Der Strukturbereich von s
braucht außerhalb des
Unterprogramms init
nicht mehr adressierbar
zu sein.

```
ausgabe(f)
  struct schiff *f;
{
  printf("Name: %s\nLaenge: %6.2f\nBreite: %5.2f\n",
         (*f).name, (*f).l, (*f).b);
  printf("Tiefgang:%6.2f\nBaujahr: %d\n",
         (*f).t, (*f).bauj);
}

main()
{
  struct schiff *neu;

  neu = init("H. H. MEIER", 23.20, 5.30, 1.40, 1959);
  ausgabe(neu);
}
```

Programmalternative:

```
    struct schiff          /*  ***  Aufgabe IV.1, Variante 1  ***  */
    {
      char *name;
      float l,b,t;
      int bauj;
    };

    struct schiff *init(name,l,b,t,bauj)
      char *name;
      float l,b,t;
      int bauj;
    {
      char *calloc();
      struct schiff *s;
      s = (struct schiff *) calloc(1,sizeof(struct schiff));
      (*s).name = name;
      (*s).l    = l;
      (*s).b    = b;
      (*s).t    = t;
      (*s).bauj = bauj;
      return(s);
    }

    ausgabe(f)
      struct schiff *f;
    {
      printf("Name: %s\nLaenge: %6.2f\nBreite: %5.2f\n",
             (*f).name, (*f).l, (*f).b);
      printf("Tiefgang:%6.2f\nBaujahr: %d\n",
             (*f).t, (*f).bauj);
    }

    main()
    {
      struct schiff *neu,*neu1;

      neu = init("H. H. MEIER", 23.20, 5.30, 1.40, 1959);
      neu1= init("ROLAND", 6.50, 2.30, 0.60, 1959);
      ausgabe(neu);
      ausgabe(neu1);
    }
```

Der entscheidende Unterschied zwischen beiden Versionen des Unterprogramms
init ist mit dem vorgegebenen Unterprogramm calloc verbunden. Wie wir auf
Seite 108 beschrieben haben, reserviert es im sogenannten Heap (also außerhalb des
Unterprogramms init) einen Bereich für die Struktur schiff. Die Adresse des Bereichs wird in der Variablen s zwischengespeichert und über die return-Anweisung
und den Namen init an die Variable neu des Hauptprogramms übermittelt. Bei
einem weiteren Aufruf von init wird durch den erneuten Aufruf von calloc ein
weiterer Bereich reserviert, der von dem zuvor reservierten unabhängig ist.

Als Ergebnis erhält man aus dem zweiten Programm folgende Ausgabe:

```
Name: H. H. MEIER    ⎞
Laenge:   23.20      ⎟
Breite:   5.30       ⎬   Ausgabe von neu
Tiefgang:  1.40      ⎟
Baujahr: 1959        ⎠
Name: ROLAND         ⎞
Laenge:   6.50       ⎟
Breite:   2.30       ⎬   Ausgabe von neu1
Tiefgang:  0.60      ⎟
Baujahr: 1959        ⎠
```

Anhang A

Anzahl der Bit pro Datentyp

	char	short	int	long	unsigned	float	double
Data General	8	16	32	32	16 u. 32	32	64
DEC PDP11 VAX	8 8	16 16	16 32	32 32	16	32 32	64 64
Honeywell	9	36	36	36		36	72
IBM (SAS-Compiler)	8	16	32	32	16 u. 32	32	64
Intel 8086/186 (Digital Research)	8	16	16	32	16	32	64
PCS-Cadmus (Motorola)	8	16	16 u. 32	32		32	64
Siemens PC-X, PC-MX PC-MX2	8 8	16 16	16 32	32 32	16 32	32 32	64 64

Anhang B

ASCII-Zeichensatz

Bei der Speicherung von Zeichen nach dem ASCII-Code [1] in einem Byte wird das
erste Bit nicht berücksichtigt. Wir haben damit folgenden Aufbau:

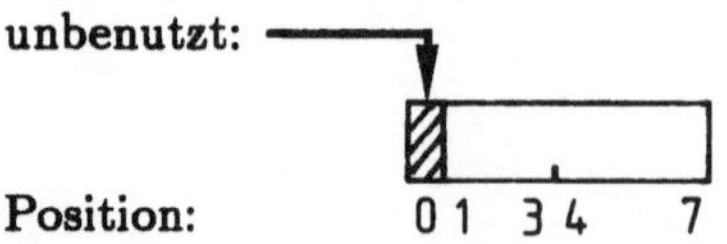

Die in der nachfolgenden Tabelle (siehe Seite 119) angegebenen Zeichen beziehen
sich auf den internationalen Zeichensatz. Daneben gibt es eine Reihe von "natio-
nalen Zeichensätzen", die in einigen Verschlüsselungen anders festgelegt sind. Wir
geben die alternativen Verschlüsselungen für den deutschen Zeichensatz im Anschluß
an die Tabelle an (siehe Seite 119 unten).

---

[1] ASCII: American Standard Code of Information Interchange.

Internationaler Zeichensatz

Dez	Hex	Okt	Zei	Dez	Hex	Okt	Zei	Dez	Hex	Okt	Zei	Dez	Hex	Okt	Zei
0	0	0	NUL	32	20	40	␣	64	40	100	@	96	60	140	`
1	1	1	SOH	33	21	41	!	65	41	101	A	97	61	141	a
2	2	2	STX	34	22	42	"	66	42	102	B	98	62	142	b
3	3	3	ETX	35	23	43	#	67	43	103	C	99	63	143	c
4	4	4	EOT	36	24	44	$	68	44	104	D	100	64	144	d
5	5	5	ENQ	37	25	45	%	69	45	105	E	101	65	145	e
6	6	6	ACK	38	26	46	&	70	46	106	F	102	66	146	f
7	7	7	BEL	39	27	47	'	71	47	107	G	103	67	147	g
8	8	10	BS	40	28	50	(	72	48	110	H	104	68	150	h
9	9	11	HT	41	29	51	)	73	49	111	I	105	69	151	i
10	A	12	LF	42	2A	52	*	74	4A	112	J	106	6A	152	j
11	B	13	VT	43	2B	53	+	75	4B	113	K	107	6B	153	k
12	C	14	FF	44	2C	54	,	76	4C	114	L	108	6C	154	l
13	D	15	CR	45	2D	55	−	77	4D	115	M	109	6D	155	m
14	E	16	SO	46	2E	56	.	78	4E	116	N	110	6E	156	n
15	F	17	SI	47	2F	57	/	79	4F	117	O	111	6F	157	o
16	10	20	DLE	48	30	60	0	80	50	120	P	112	70	160	p
17	11	21	DC1	49	31	61	1	81	51	121	Q	113	71	161	q
18	12	22	DC2	50	32	62	2	82	52	123	R	114	72	162	r
19	13	23	DC3	51	33	63	3	83	53	123	S	115	73	163	s
20	14	24	DC4	52	34	64	4	84	54	124	T	116	74	164	t
21	15	25	NAK	53	35	65	5	85	55	125	U	117	75	165	u
22	16	26	SYN	54	36	66	6	86	56	126	V	118	76	166	v
23	17	27	ETB	55	37	67	7	87	57	127	W	119	77	167	w
24	18	30	CAN	56	38	70	8	88	58	130	X	120	78	170	x
25	19	31	EM	57	39	71	9	89	59	131	Y	121	79	171	y
26	1A	32	SUB	58	3A	72	:	90	5A	132	Z	122	7A	172	z
27	1B	33	ESC	59	3B	73	;	91	5B	133	[	123	7B	173	{
28	1C	34	FS	60	3C	74	<	92	5C	134	\	124	7C	174		
29	1D	35	GS	61	3D	75	=	93	5D	135	]	125	7D	175	}
30	1E	36	RS	62	3E	76	>	94	5E	136	^	126	7E	176	~
31	1F	37	US	63	3F	77	?	95	5F	137	_	127	7F	177	DEL

Alternative Festlegung für deutschen Zeichensatz

Codierung			Zeichensatz	
Dez	Hex	Okt	Internat	Deutsch
91	5B	133	[	Ä
92	5C	134	\	Ö
93	5D	135	]	Ü
123	7B	173	{	ä
124	7C	174			ö
125	7D	175	}	ü
126	7E	176	~	ß

Die Zeichen mit einem Dezimal-Code von 0 bis 31 sowie 127 dienen als Steuerzeichen ("Kontroll-Zeichen"). Für einige Rechner ist es möglich, ihre Verschlüsselung auch über die Tastatur einzugeben. Soweit es hierfür keine separaten Tasten gibt, kann man das Kontroll-Zeichen durch das (fast) gleichzeitige Drücken der Taste CNTL (Control) und des unten angegebenen Zeichens erreichen. In welcher Weise die erzeugten Zeichen interpretiert werden, hängt von dem Betriebssystem bzw. von dem benutzten Programm ab, für das die Eingabe vorgenommen wird.

Abkürzung	CNTL und	engl. Bezeichnung	Bedeutung
ACK	F	Acknowledge	Bestätigung
BEL	G	Bell	Klingel/Hupe
BS	H	Backspace	Korrektur (1 Zeichen zurück)
CAN	X	Cancel	Zeilenlöschung
CR	M	Carriage Return	Wagenrücklauf
DC1	Q		
DC2	R	Device Control	Gerätesteuerung
DC3	S		
DC4	T		
DEL	del	Delete	Löschzeichen
DLE	P	Data Link Escape	Datenverbindung kappen
EM	Y	End of Medium	Datenträgerende
ENQ	E	Enquiry	Stationsanruf
EOT	D	End of Transmission	Ende der Übertragung
ESC	[	Escape	Rücksprung
ETB	W	End of Transmission Block	Ende des Datenblocks
ETX	C	End of Text	Textende
FF	L	Form Feed	Formularvorschub
FS	\	File Separator	Dateitrennung
GS	]	Group Separator	Gruppentrennung
HT	I	Horizontal Tabulation	Tabulatorzeichen
LF	J	Line Feed	Zeilenvorschub
NAK	U	Negative Acknowledge	Fehlermeldung
NUL	@	Null	keine Operation
RS	^	Record Separator	Satztrennung
SI	O	Shift In	Zurückschalten Zeichensatz
SO	N	Shift Out	Umschalten Zeichensatz
SOH	A	Start of Heading	Vorspannanfang
STX	B	Start of Text	Textanfang
SUB	Z	Substitute Character	Zeichen ersetzen
SYN	V	Synchronous Idle	Synchronisierung
US	blank	Unit Separator	Einheitentrennung
VT	K	Vertical Tabulation	Tabulatorzeichen

Anhang C

Prioritäten der Operatoren

1. In der Programmiersprache C gibt es eine vergleichsweise große Zahl von
Operatoren. Da es keine Trennung zwischen den verschiedenen Datentypen
gibt — man darf z.B. arithmetische und logische Operationen miteinander
in einem Ausdruck kombinieren —, muß man alle Operatoren bezüglich ihrer Priorität zueinander in Relation setzen. In der nachfolgenden Tabelle
bedeutet die Priorität m für einen Operator, daß diese Operation vor einer
anderen, konkurrierenden Operation ausgeführt wird, deren Operator eine
Prioritätsstufe n > m besitzt.

2. Sind zwei Operationen gleicher Prioritätsstufe in einem Ausdruck zueinander konkurrierend, so ist die Reihenfolge der Auswertung nicht einheitlich.
In einigen Fällen ist sie "von links nach rechts", wie z.B. bei den Grundrechenarten, in einigen Fällen aber auch "von rechts nach links", wie z.B. bei
den Zuweisungsoperationen. Wir haben deshalb die Auswertungsreihenfolge
für Operatoren derselben Prioritätsstufe durch einen Pfeil (— — > für "von
links nach rechts" und < — — für "von rechts nach links") angegeben.

3. Bei Rechenoperationen, für die das Kommutativgesetz gilt, wie z.B. bei der
Addition: a+(b+c) = (a+b)+c, braucht die Reihenfolge der Berechnung
nicht mit der vom Programmierer angegebenen übereinzustimmen, d.h.

> statt a+(b+c) kann der Rechner auswerten: (a+b)+c

Dies kann dann zu Überraschungen führen, wenn durch die Summanden Nebenwirkungen beabsichtigt sind und es dann auf die Auswertungsreihenfolge
ankommt.

Eine analoge Aussage gilt für die folgenden Operationen:

Multiplikation	(*)
Bitweises UND	(&)
Bitweises ODER	(|)
Bitweises exklusives ODER	(^)

Priorität	Zeichen	Bezeichnung/Verwendung	Richtung

1	( )
	[ ]
	.
	
	- >
		Klammern, in Ausdrücken, bei Funktionen.
		Klammern, bei Vektoren, Matrizen.
		Punktoperator, bei Zugriff auf Variable in einer
		    Struktur.
		Struktur-Zeiger-Operator, bei Zugriff auf Variable
		    in einer Struktur (über Zeiger).
			-- >

2	*
	&
	-
	!
	~
	
	++
	
	--
	
	(Typ)
	sizeof
	sizeof(Typ)
		Indirekter Variablenzugriff, bei Zeigern.
		Adress-Operator, liefert Adresse einer Variablen.
		Negatives Vorzeichen.
		Negationsoperator, logische Verneinung.
		Komplementoperator, liefert Einer-Komplement einer
		    int-Größe.
		Inkrementierungsoperator, Erhöhung des Wertes
		    einer Variablen um eine Einheit.
		Dekrementierungsoperator, Erniedrigung des Wertes
		    einer Variablen um eine Einheit.
		Cast, Typumwandlung für einen Operanden.
		} Größe eines Speicherbereichs
		} in Bytes.
			< --

3	* / %	Multiplikationsoperator Divisionsoperator Modulus-Operator, nicht für **float**- und **double**-Größen zulässig.	-- >
4	+ -	Additionsoperator. Subtraktionsoperator.	-- >
5	>> <<	Rechts-Shift-Operator. Links-Shift-Operator.	-- >
6	< <= > >=	} Relationsoperatoren.	-- >

7	==
	!=
		Relationsoperator,
		    Abfrage auf Gleichheit,
		    Abfrage auf Ungleichheit.
			-- >

8	&	UND, bitweises Verknüpfen, nicht für **float**- und **double**- Größen zulässig.	-- >

Prio-rität	Zeichen	Bezeichnung/Verwendung		Richtung
9	^	Exklusives ODER, bitweises Verknüpfen, nicht für **float** und **double**; (Zeichen ^ nicht mit ∧ (UND) verwechseln!).		-->
10	|	Inklusives ODER, bitweises Verknüpfen, nicht für **float** und **double**.		-->
11	&&	Logisches UND,	die Ausdrücke brauchen nicht vollständig abgearbeitet zu werden (wichtig bei Neben-wirkungen).	-->
12	||	Logisches ODER,		-->
13	? :	Operator(en) für bedingten Ausdruck.		< --
14	= *= /= %= += -= >>= <<= &= ^= |=	Zuweisungsoperator, für "normale" Zuweisung. Ausführung der Operation mit den Größen, die rechts und links von dem Operator stehen und an-schließende Wertzuweisung an die links von dem Operator stehende Variable.		< --
15	,	Komma-Operator, z.B. in Funktionsaufruf, bei **if**-Anweisung.		-->

Sachwortverzeichnis

!   (Verneinung) 32, 122
"   (Anführungszeichen) 3
(bei Compiler-Instruktion) 27, 48
%   (Format-Angabe) 43, 44
%   (Modulus-Operator) 122
%1s   (Format-Code für Eingabe) 47
%=   (Zuweisungsoperator) 40, 123
&   (Adress-Operator) 17, 122
&   (für Eingabe) 46
&   (UND, bitweises) 33, 122
&&   (UND, logisches) 33, 123
&=   (Zuweisungsoperator) 40, 123
'   (Hochkomma) 3
'\0'   (String-Ende-Zeichen) 3
( )   (Klammern) 5, 122
[ ]   (Klammern) 12, 122
{ }   (Klammern) 5
{ }   (Block) 8
{ }   (Struktur) 55
*   (bei Adressberechnung) 18
*   (bei Struktur) 59
*   (bei Zeigervariablen) 16
*   (indirekter Zugriff) 122
*   (Multiplikationsoperator) 122
*=   (Zuweisungsoperator) 40, 123
+   (Additionsoperator) 122
+   (bei Adressberechnung) 18
++   (Inkrementierungsoperator) 39, 58, 109
+ =   (Zuweisungsoperator) 40, 123
,   (Komma-Operator) 38, 123
−   (bei Adressberechnung) 18
−   (negatives Vorzeichen) 4, 122
−   (Subtraktionsoperator) 122
− −   (Dekrementierungsoperator) 39, 122
− =   (Zuweisungsoperator) 40, 123
−>   (Struktur-Zeiger-Operator) 59
−>   (Zeigeroperator) 122
.   (Punktoperator) 122
/   (bei Adressberechnung) 18
/   (Divisionsoperator) 122
/␣*   (Division durch Speicherplatz) 98
/* */   (für Kommentar) 7
/=   (Zuweisungsoperator) 40, 123
0   (bei Oktalkonstante) 3
0X, 0x   (bei Hexadezimalkonstante) 4
;   (Semikolon) 38
<   (bei Programmaufruf) 46
< <= > > = == !=   (Relationen) 31, 122
<<   (Links-Shift-Operator) 122

< <=   (Zuweisungsoperator) 40, 123
=   (Zuweisungsoperator) 40, 123
== !=   (Relationen) 122
>   (bei Programmaufruf) 46
> >   (Rechts-Shift-Operator) 122
> >=   (Zuweisungsoperator) 40, 123
? :   (bedingter Ausdruck) 97, 123
\   (invertierter Schrägstrich) 2
\b   (Format-Angabe) 44
\n   (Format-Angabe) 44, 77
\t   (Format-Angabe) 44
∧   (exklusives ODER) 32, 123
∧=   (Zuweisungsoperator) 40, 123
_   (Unterstreichungszeichen) 2
| (ODER, bitweises) 32, 123
| =   (Zuweisungsoperator) 40, 123
| | (ODER, logisches) 32, 123
~   (Komplementoperator) 122

a (Zugriffsmodus) 51
a+ (Zugriffsmodus) 53
Abfangen e. Eingabefehlers 102
abort 75
abs 66, 67
abweisende Schleife 36
ACK 119, 120
acos 67
aktueller Parameter 8
Alternative 35
Anfangswertsetzung 37
Anweisung, bedingte 34
Arbeitsspeicherverwaltung 73
ASCII-Zeichensatz 119
asin, atan 67
atof, atoi, atol, atou 74
Ausgabe, formatgebundene 7
automatische Variable 24

bedingte Anweisung 34
bedingter Ausdruck 97
Bedingung 34, 37
BEL 119, 120
Beschreibung, Struktur 55
Bitleiste 65
bitweise logische Operationen 33
Block 8, 10
Blockung (in Datei) 49
Boole'scher Ausdruck 31
break 41
brk 73

BS 119, 120
Byte-Adresse 52

c (Format-Code) 44
c (Format-Code für Eingabe) 47
C-Programmstruktur 5
call by reference 12, 106
call by value 8, 12, 106
calloc 73, 108
CAN 119, 120
case 41
Cast 3, 9, 54, 80, 108, 122
ceil 67
char 1, 2, 10
clearerr 72
close 72
CNTL 101
CNTL und D 48
Compiler-Instruktion 67
cos, cosh 67
CR 119, 120
creat, creata, creatb 68

d (Format-Code) 44
d (Format-Code für Eingabe) 47
Dateibearbeitung 49
Datentypen 1
DC 119, 120
default 41
define 27
Deklaration, Funktion 7
Deklaration, Struktur 55
Deklaration, union 61
Deklaration, Unterprogramm 6, 7
Deklaration, Variable 7
Dekrementierungsoperator (- -) 39
DEL 119, 120
Dezimalpunkt 4
direkter Dateizugriff 52
Direktzugriffsdatei 72
DLE 119, 120
do-Anweisung 37
double 1, 10
double-Konstante 4

e (Format-Code) 44
e (Format-Code für Eingabe) 47
einfache Variable 11
Eingabe 46
Eingabefehler 102
else 35
EM 119, 120
end of file 48
END, EQT 119, 120
EOF 48, 101

Eröffnen einer Datei 69
ESC, ETB 119, 120
ETX 101, 119, 120
ETX-Taste 48
exit 75
exp 67
Exponent 4
extern 11, 81
externe Variable, s. globale V. 5, 11
externer Dateiname 50

f (Format-Code) 44
f (Format-Code für Eingabe) 47
fabs 67
Fallunterscheidung 41
falsch 31
fclose 52, 72
fdopen 69
Feld 11
Feldweite 43
feof 72
ferror 72
FF 119, 120
fflush 72
fgetc, fgets 71
FILE 50
fileno 72
float 1, 8, 10, 13
float-Konstante 4
floor, fmax, fmin 67
fopen 50, 51, 69
fopena, fopenb 69
for-Anweisung 37, 93
formaler Parameter 8, 19
Format-Code 44, 76
Format-Code für Eingabe 46
formatgebundene Ausgabe 7
fprintf 52, 70
fputc, fputs 70
fread 71
free 73, 108
freopen, freopena, freopenb 69
FS 119, 120
fscanf 52, 71
fseek, ftell 53, 72
ftoa 74
Funktion 5, 6
Funktion, rekursive 9
fwrite 70

g (Format-Code) 44
ganze Zahl 1
Gauß'sches Eliminationsverfahren 42
getchar, getl, gets, getw 71
Gleichungssystem 42

globale Variable 5, 10, 23, 81
globale Variable mit static 24
goto 36
Grenze für Index 11
GS 119, 120

h (Format-Code für Eingabe) 47
Hauptprogramm, s. main 5
HIDDEN 24
höherdimensionales Feld 15
HT 119, 120
hypot 67

if (...) 34, 35
include 29, 48, 50, 97
Index 11, 30
Indexumrechnung 84
Initialisierung von Variablen 25, 82
Inkrementierung 37
Inkrementierungsoperator (++) 39, 58, 109
int 1, 10
interner Dateiname 50
isalnum, isalpha, isascii, iscntrl 75
isdigit, islower, isprint, ispunct 75
isspace, isupper 75
itoa 74

Komma-Operator (,) 38
Kommentar 7
komplexe Zahl 1
Konstantennamen 27

ld (Format-Code) 44
ld, le (Format-Code für Eingabe) 47
Lesen aus Datei 71
LF 119, 120
lf (Format-Code für Eingabe) 47
Liste formaler Parameter 6
Lösung, Gleichungssystem 42
log, log10 67
logische Operationen 32
logische Werte 1
logisches ODER (II) 33
logisches UND (&&) 33
lokale Variable 10, 23, 25
long 1, 10, 53
lx (Format-Code für Eingabe) 47

main 5, 8
main (mit Parametern) 51
Makro 27, 97
Makro-Definition 28
Makro für Zeichenbearbeitung 75
malloc 73
Matrix 11, 14
Matrix als Vektor 15
Matrix, Vorbesetzung einer 26

Matrix, höherdimensionale 15
max, min 67
mktemp 68

NAK 119, 120
Namen 1
Namen, Länge von 2
Nebenwirkung (bei Unterprogramm) 79
NUL 119, 120

o (Format-Code) 44
o (Format-Code für Eingabe) 47
ODER 32
Oktalkonstante 3
open, opena, openb 69
Operation, Boole'sche 31
Operatoren, Prioritäten 121
otoa 74

Parameter 6, 8, 10, 19
Parameter, aktueller 8
Parameter, formaler 8, 19
Parameterübergabe 10
Pivot 42
portab.h 97
pow 67
Präcompiler 5, 29
printf 7, 43, 70, 76, 100
Programmaufruf 43, 46
Programmstruktur 5
PROTECTED 24
Prozent-Zeichen (%) 43, 122, 123
Punktnotation 58
putc, putchar, putl, puts, putw 70

r (Zugriffsmodus) 51
r+ (Zugriffsmodus) 53
rand, randl 67
read 71
realloc 73
reelle Zahl 1
register-Variable 24
rekursives Unterprogramm 9
Relation 31, 91
return 5, 78
return ( ) 5, 6, 8
rewind 54, 72
RS 119, 120

s (Format-Code) 44
s (Format-Code für Eingabe) 47
sbkr 73
scanf 46, 48, 71, 101
Schleife 36
Schließen einer Datei 72
Schlüsselwörter 1
Schreiben in Datei 70

126

Seiteneffekte 40
Semikolon (;) 38
setbuf 69
short 1, 10
SI 119, 120
sin, sinh 67
sizeof 58, 108, 122
sleep 75
SO 119
SOH 119, 120
Speicherbereich für Struktur 56
Speicherplatz 16
Spezifikation, Funktionen 8
Spezifikation, Vektoren 13
sprintf 49, 74
Sprunganweisung 36
sqrt 67
srand 67
sscanf 49, 74
Standardausgabe 43
Standardeingabe aus Datei (<) 46
static 24, 89
statische Variable 24, 89
Status bei Eingabe 48
stdio.h 48, 50
strcat, strchr, strcmp, strcpy 74
String 3, 26
Stringbearbeitung 74
Stringvariable 49
strlen 74
strncat, strncmp, strncpy 74
strrchr 74
struct 55, 65, 106, 108
Struktur 5, 55
Struktur-Zeiger-Operator 59
STX, SUB 119, 120
swab 73
switch 41
SYN 119, 120

tan, tanh 67
tell 72
Text 1
toascii, tolower, toupper 75
Typ für Funktion 6, 78
Typumwandlung bei Zuweisung 9
Typumwandlung von Parametern 9

u (Format-Code) 44
u (Format-Code für Eingabe) 47
u (Zugriffsmodus) 53
Übergabe, Parameter 10
Übergabe, Unterprogramm 22
Überlagerungseinheit (union) 61, 111
Übertragen in Zeichenfolge 49
Umlaute, Verschlüsselung 119

UND 32
union 61, 111
unlink 72
unsigned 1, 10, 65
Unterprogramm 6
Unterprogramm, Parameter 22
Unterprogramm, rekursives 9
Unterprogramme zur Dateibearbeitung 68
US 119, 120
utoa 74

Variable 5, 10, 23, 81, 89
Variable, einfache 11
Variable, externe 11
Variable, globale 5, 10, 81
Variable, statische 89
Variableninitialisierung 82
Variablenliste 43, 49
Vektor 11
Vektor, Vorbesetzung von 25
Verbund 1, 55
Verneinung (!) 32
Verschlüsselung der Zeichen 119
Vorbesetzung von Variablen 25
Vorzeichen des Exponenten 4
Vorzeichen einer Zahl 4
VT 119, 120

w (Zugriffsmodus) 51
w+ (Zugriffsmodus) 53
wahr 31
Weitersetzen des Zeigers 17
Wertübergabe (über Parameter) 82
Wertzuweisung (in einem Ausdruck) 92
Wertzuweisung bei Struktur 57, 107
while 36, 37, 101
write 70

x (Format-Code) 44

zalloc 73
Zeichen 1
Zeichenkonstante 3
Zeiger auf Matrixelement 85
Zeiger auf Unterprogramm 22
Zeiger-Operator (&) 46
Zeigerliste 46, 49
Zeigervariable 16, 57, 82, 108
Zeigervariable (als Parameter) 20
Zeigervektor 23
Zugriff auf Strukturbereich 57
Zugriffsmodus 50, 51, 53
Zuweisung an formalen Parameter 19
Zuweisung an Zeigervariable 85
Zuweisungsoperatoren (= += −= ...) 40, 123

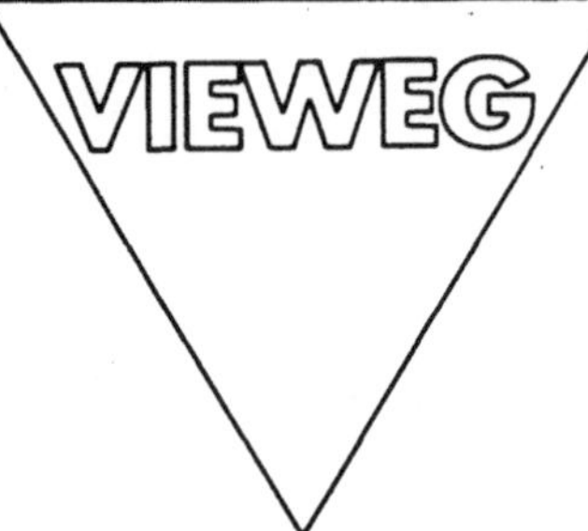

Günther Lamprecht

Einführung in die Programmiersprache FORTRAN 77

Anleitung zum Selbststudium. 3., durchges. Aufl. 1986. VI, 132 S., 16,2 x 22,9 cm. Kart.

<u>Inhalt:</u> Ein einführendes Beispiel – Bildung arithmetischer Ausdrücke – Schleifensteuerung, logische Größen – Polynomberechnung. Vektoren, Matrizen – Ausgabe auf dem Drucker; FORMAT-Anweisung – Eingabe von Datenkarten – Interne Darstellung von Zeichen; Initialisierung von Variablen – Unterprogrammtechnik: Funktionsunterprogramme – Unterprogrammtechnik: Subroutinen; Vektoren und Matrizen als Parameter – Parameterübergabe durch den COMMON-Bereich – Der Datentyp COMPLEX – Zugriff auf Dateien – Uminterpretieren von Datensätzen; die Anweisungen DECODE und ENCODE – Lösungen zu den Beispielen und Aufgaben – Anhang – Sachwortverzeichnis.

FORTRAN IV ist die im wissenschaftlichen Bereich am weitesten verbreitete Programmiersprache. Für fast alle Rechenanlagen und in zunehmendem Maße auch in Tischrechnern („intelligente Terminals") stehen FORTRAN-Compiler zur Verfügung. Bedingt durch das große Spektrum von Rechenanlagen mit den vielfältigen Bedürfnissen der verschiedensten Anwendungsgebiete wurden viele Spracherweiterungen von FORTRAN IV vorgenommen, so daß heute fast eine unübersehbare Zahl von „Sprachdialekten" vorliegt. Obwohl FORTRAN IV eine sogenannte höhere Programmiersprache ist und damit die Programme eigentlich unabhängig von der benutzten Rechenanlage sein sollten, haben die verschiedenen FORTRAN-Dialekte zu Umstellungsschwierigkeiten geführt. Deshalb war es notwendig und konsequent, einen neuen FORTRAN-Standard zu schaffen. Dies ist mit FORTRAN 77 geschehen, das im wesentlichen eine Erweiterung von FORTRAN IV darstellt und so die früheren Abweichungen soweit wie möglich in den Standard aufnimmt.

Das Buch von Professor Dr. Lamprecht führt in die Programmiersprache FORTRAN 77 an Hand von Beispielen ein, wobei gleichzeitig auf abweichende Sprachelemente von FORTRAN IV eingegangen wird. Die Beispiele und Aufgaben sind so gewählt, daß sie ohne allzu große Vorkenntnisse mit den dargestellten FORTRAN-Anweisungen gelöst werden können. Dabei lernt der Leser mit Ausnahme weniger Anweisungen den gesamten Sprachumfang von FORTRAN 77 kennen.